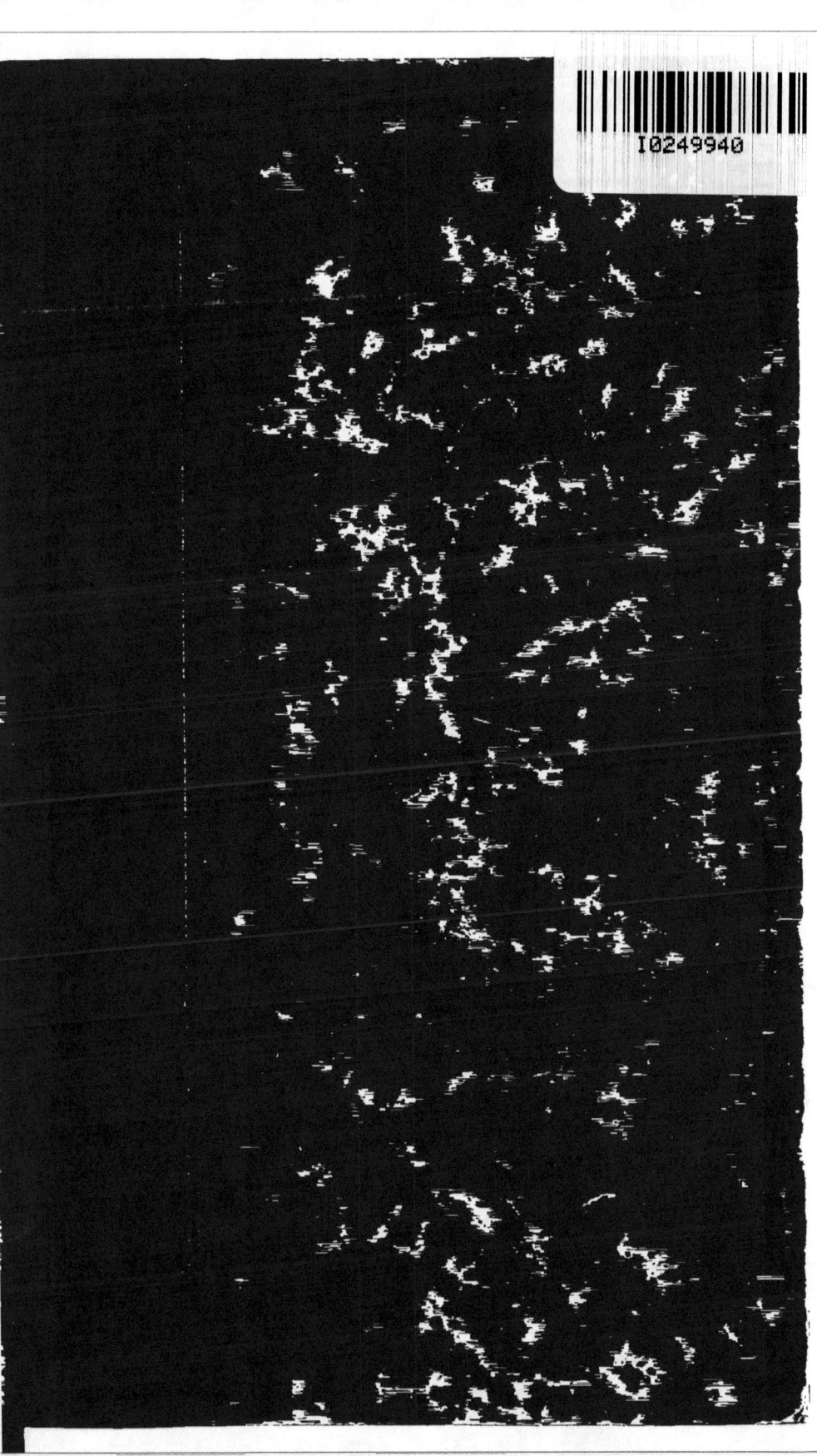

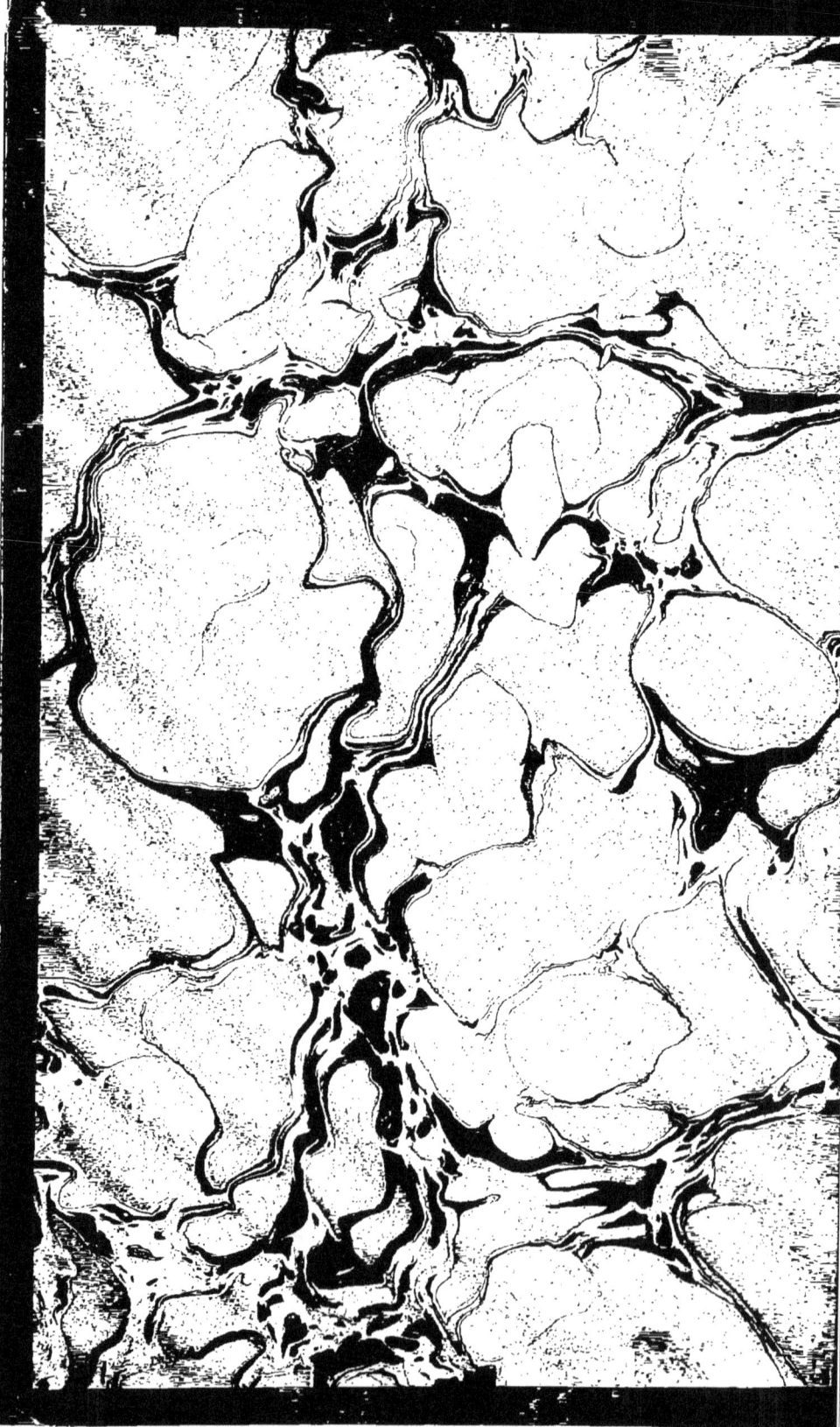

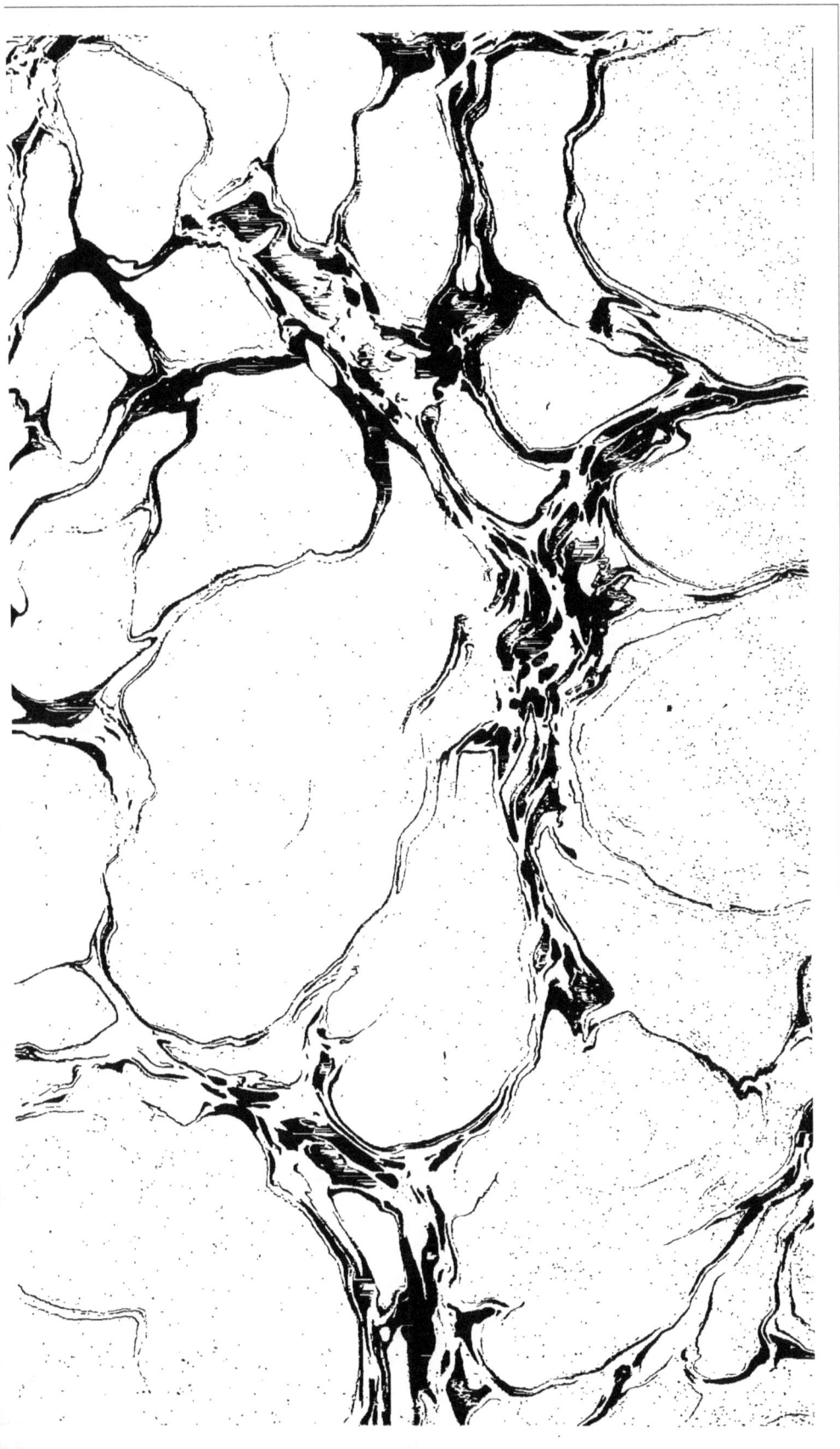

LOUIS II
DE
LA TRÉMOILLE
LE CHEVALIER SANS REPROCHE

D'APRÈS LE PANÉGYRIQUE DE JEAN BOUCHET
ET D'AUTRES DOCUMENTS INÉDITS

PAR

L. SANDRET

PARIS
LIBRAIRIE DE LA SOCIÉTÉ BIBLIOGRAPHIQUE
Maurice Tardieu, Directeur
35, rue de Grenelle-Saint-Germain, 35.

1881

PETITS MÉMOIRES

SUR

L'HISTOIRE DE FRANCE

PUBLIÉS SOUS LA DIRECTION

DE

M. MARIUS SEPET

—

IV

LOUIS II DE LA TRÉMOILLE

PARIS — IMPRIMERIE MOTTEROZ

Rue du Four, 54 bis.

LOUIS II
DE
LA TRÉMOILLE

LE CHEVALIER SANS REPROCHE

D'APRÈS LE PANÉGYRIQUE DE JEAN BOUCHET
ET D'AUTRES DOCUMENTS INÉDITS

PAR

L. SANDRET

PARIS
LIBRAIRIE DE LA SOCIÉTÉ BIBLIOGRAPHIQUE
Maurice Tardieu, Directeur
35, rue de Grenelle-Saint-Germain, 35.

1881

A Monsieur le Duc de la Trémoille

Monsieur le Duc,

Ce livre, qui retrace la vie d'un de vos plus illustres ancêtres, doit paraître sous vos auspices. Vous y avez largement contribué, en communiquant à l'auteur tous les documents que vous possédez. Qu'il lui soit permis d'exprimer ici toute sa gratitude.

Possesseur de riches archives, conservateur soigneux de ce trésor, vous ne le gardez pas pour vous seul; vous aimez à le partager avec ceux que vous estimez devoir en profiter. C'est, Monsieur le Duc, une libéralité rare, mais qui coûte peu à votre sens droit et à votre carac-

tère généreux. Elle n'en mérite pas moins tous les éloges.

Je sais mieux que personne jusqu'où elle s'étend, et cette vie de Louis II de la Trémoille, de ce héros dont vous portez dignement le nom, je vous l'offre comme un faible hommage de ma reconnaissance et de mon respect.

L. SANDRET.

INTRODUCTION

I

Les grands hommes sont une des splendeurs de la nation, et c'est ajouter un fleuron à la couronne de la patrie que de faire connaître une de ses gloires trop longtemps oubliée. Louis II de la Trémoille, illustre parmi ses contemporains, est peu connu de la postérité. A quoi attribuer cet oubli ? Si, comme le chevalier Bayard, son compagnon d'armes, il eût trouvé un historien digne de lui, son nom serait resté populaire, à l'égal du nom de ce vaillant chevalier. Mais son principal historien, Jean Bouchet, a rempli son livre de trop de hors-d'œuvre, de longueurs et, disons le mot, de platitudes, pour que la génération qui l'a suivi ait pris plaisir à lire un auteur si ennuyeux. Les siècles postérieurs ont fait de même, et le *Panégyrique de Louis de la Trémoille* n'a pas eu les honneurs d'une seconde édition. Il y a cinquante ans, qui, même parmi les lettrés, connaissait cette histoire ? Il fallut que Petitot, dans sa collection de mémoires pour l'histoire de France, en publiât des extraits, pour faire connaître l'auteur et le héros à la génération actuelle.

Nous avons cru le moment favorable pour écrire la vie de Louis II de la Trémoille, d'après Jean Bouchet et d'autres documents inédits. Le lecteur jugera si nous avons bien fait de mettre en lumière l'histoire du vaillant guerrier, du fidèle serviteur, du vertueux gentilhomme qui mérita de son temps le nom de *Chevalier sans reproche*.

On y verra, présenté simplement et sans prétention, le récit des faits de la vie de Louis de la Trémoille. La famille qui l'a produit saluera en lui sa gloire la plus pure, la nation applaudira à cette sorte de résurrection d'un de ses plus nobles enfants. Dans ce siècle d'égoïsme, il est bon de remettre sous les yeux les exemples de désintéressement, de dévouement, que nous ont laissés nos ancêtres ; dans un temps où l'on se fait un honneur de l'irréligion, du mépris pour les institutions du passé, il est utile de montrer à quelle grandeur se sont élevés ces héros, que la religion inspirait, auxquels la fidélité à leur Roi commandait de si admirables actions, de si nobles sacrifices.

Louis II de la Trémoille est une des plus belles figures des siècles passés ; il fut un des plus grands guerriers d'une époque de notre histoire où les gloires militaires ne font pas défaut. Général d'armée à vingt-huit ans, mort dans une cruelle et néfaste bataille à soixante-cinq ans, il n'eut pas, durant une carrière de quarante ans, une seule défaillance. Il a laissé une mémoire irréprochable. Homme de guerre, homme de Cour, gentilhomme, époux et père, il a mérité que la postérité lui confirmât le surnom de *Chevalier sans reproche.*

C'est une heureuse chance pour un auteur d'avoir à écrire une telle vie.

II

Le livre que nous publions est en grande partie tiré de Jean Bouchet, que nous devons faire connaître à nos lecteurs.

Jean Bouchet naquit à Poitiers en 1476, d'une famille honnête, mais peu favorisée des dons de la fortune. Il fut poète dans sa jeunesse; et ce que nous connaissons de ses poésies nous donne de son talent poétique une idée peu avantageuse. Aussi il renonça bientôt aux muses et prit l'état de son père, procureur au parlement. C'était agir en homme prudent, car son nouvel état lui procura une aisance que la poésie ne lui aurait pas donnée. Il devint procureur de la riche maison de la Trémoille ; mais, dans ses moments de loisir, il trouva le temps de composer de nombreux ouvrages. Le tome XXVII des mémoires de Nicéron en contient le catalogue ; nous indiquerons seulement les principaux.

Le plus remarquable de ses écrits est son *Histoire* ou *Annales d'Aquitaine et Antiquités du Poitou*. La première édition de ce livre parut à Poitiers en 1524. Bouchet continua cette histoire jusqu'en 1545, et peut-être même jusqu'en 1555. Cet ouvrage est rempli de détails intéressants racontés avec une grande naïveté. Il n'y faut pas chercher beaucoup de critique historique, mais, tel qu'il est sorti des mains de son auteur, il offre un répertoire curieux des faits les plus importants de l'histoire d'Aquitaine.

Le premier livre que Bouchet fit imprimer est intitulé : *les Renards traversant les périlleuses voies des folles fiances du monde* (Paris, A. Vérard, in-folio gothique). Ce livre parut vers 1500. C'est une satire allégorique contre les désordres de son temps. On contesta à Bouchet la paternité de cet ouvrage; et il donna même lieu à un procès qui se termina par un accommodement.

Un livre plus sérieux fut publié par lui en 1512 (Paris, in-8° gothique) :

il porte pour titre : *la Déploration de l'Église militante sur ses persécutions intérieures et extérieures*. Ce livre démontre que Bouchet était ennemi des opinions nouvelles, qui commençaient à se faire jour en fait de religion. Il s'y montre catholique zélé.

En 1517, il publia les *Opuscules du traverseur des voies périlleuses*. Ce recueil renferme le *Chapelet des princes*, formé de cinq dizaines de rondeaux et d'une ballade à la fin de chaque dizaine en guise de *Pater*.

C'est une pièce très singulière, qui a été imprimée plusieurs fois séparément.

Les *Anciennes et modernes Généalogies des Rois de France* parurent en 1527 (Poitiers, in-4°) ; ouvrage qui serait peu estimé de nos jours, mais qui devait paraître savant aux lecteurs du XVIe siècle.

Nous ne parlerons pas de ses ouvrages galants, tels que l'*Amoureux transi sans espoir, les Angoisses et remèdes d'amour, le Temple de bonne renommée, le Labyrinthe de fortune, les Triomphes de la noble et amoureuse dame, le Jugement politique de l'honneur féminin, la Fleur et triomphe de deux amants,* etc. Nous citerons cependant ses *Épîtres morales et familières* (Poitiers, 1545). Ce livre est un des ouvrages les plus curieux de Bouchet, à cause des particularités historiques qu'il renferme.

Le Panégyrique du Chevalier sans reproche Louis de la Trémoille parut en 1527, deux ans après la mort du héros (Poitiers, in-4° gothique). C'est ce livre qui nous a servi pour écrire la vie de Louis II de la Trémoille. La profession de Bouchet, qui le mettait en rapport fréquent avec Louis II, donne à son récit un cachet de véracité qui lui a valu l'honneur d'être inséré par parties dans les *Mémoires relatifs à l'histoire de France*. Nous allons le faire connaître avec un peu plus de détails.

Ce livre n'est pas seulement une histoire de Louis II de la Trémoille, c'est aussi un tableau des mœurs d'un gentilhomme accompli. L'allégorie y tient autant de place que la narration. Nous avons supprimé tous les épisodes dont l'auteur a orné son récit, ainsi que la plupart des nombreuses pièces de poésie que sa première vocation de poète lui a inspirées, nous contentant de conserver celles qui avaient le plus de rapport avec l'histoire.

Cet ouvrage, reproduit textuellement, serait très fade à la lecture, et les divers épisodes qu'y a joints l'auteur feraient tort à la sincérité du récit. Mais les faits que Bouchet raconte, et qu'il tenait sans doute de la bouche même de son héros, sont curieux et exacts, et s'accordent d'ailleurs avec les autres documents de l'époque.

Bouchet dut mourir vers 1555, avec la réputation d'un homme lettré et d'un historien consciencieux.

III

Nous avons ajouté au récit de Bouchet ce qu'il nous a été possible de trouver sur Louis II de la Trémoille dans les documents inédits du chartrier de Thouars, qui renfermait les archives de la maison de la Trémoille.

Ces archives étaient contenues dans des armoires du château de Thouars. A l'époque de la Révolution, elles furent conservées, quoique le château où elles se trouvaient eût été confisqué sur les membres de la famille, coupables d'émigration.

Les vieux parchemins furent, pendant plusieurs années, exposés aux soustractions des curieux et même des femmes de Thouars, qui en prenaient les plus belles feuilles pour couvrir leurs pots de confitures. En 1808, le Duc de la Trémoille chargea son homme d'affaires de réclamer les archives ; il lui répondit, le 18 octobre de cette année : « Quatre des armoires sur six sont demeurées sur place. Les papiers qu'elles contiennent paraissent en assez bon ordre ; quelques renseignements me portent à croire qu'ils ne sont pas au complet... Les papiers contenus dans les deux autres armoires ont été jetés sur le carreau ; ce sont ceux-là qui ont le plus souffert, et qui sans doute présenteront un plus grand déficit. Quant aux papiers contenus dans un coffre, ils paraissent être ceux de famille... Je crois qu'il est possible de laisser les archives où elles sont » (1).

La réclamation faite par l'intendant, au nom du Duc, fut suivie d'un heureux succès. Napoléon Ier, qui cherchait à se concilier les grandes familles, ordonna que les archives fussent restituées. Elles restèrent cependant à Thouars, et ce ne fut qu'après 1830 qu'elles furent transportées au château de Serrant, en Anjou, dans quatre-vingts tonneaux.

Le Duc actuel de la Trémoille, descendant direct de Louis II, en a com-

(1) Archives du Duc de la Trémoille.

mencé le dépouillement. On ne peut s'imaginer quelles richesses elles renferment : lettres de Rois et de Princes, correspondances de personnages historiques et des membres de la maison de la Trémoille, titres concernant l'histoire de la province de Poitou, etc.; ce qui reste de ces archives est encore considérable. Le Duc de la Trémoille, qui les conserve avec un soin religieux, en a publié récemment, dans un magnifique volume, les documents les plus précieux pour l'histoire de sa famille. Nous formons le vœu qu'il fasse part au public des richesses renfermées dans le chartrier de Thouars.

Nous y avons puisé largement, grâce à sa bienveillance, et ce que nous y avons trouvé sur Louis II de la Trémoille, et employé dans cette histoire, n'est pas la portion la moins intéressante de notre livre.

Nous avons également mis à contribution plusieurs autres documents manuscrits et imprimés que nous indiquerons en leur lieu.

LOUIS II
DE LA TRÉMOILLE

CHAPITRE PREMIER

Origine de Louis II de la Trémoille. — Sa naissance et ses premières années. — Il est appelé par le Roi et va à la Cour. — Sa conduite à la Cour. — Conseils du seigneur de Craon. — Sentiments du Roi touchant Louis de la Trémoille

L'illustre maison de la Trémoille, une des plus anciennes et des plus glorieuses du royaume de France, est originaire du Poitou ; elle y possédait dès les temps les plus reculés le château et seigneurie de la Trémoille, aujourd'hui bourg important de la Vienne; soit qu'elle en ait pris le nom, soit qu'elle lui ait donné le sien.

Depuis 1040, première date des documents historiques qui la concernent, la maison de la Trémoille a brillé par ses dignités, ses richesses et surtout ses services militaires.

Ainsi Guy Ier de la Trémoille suivit Godefroy de Bouillon à la première croisade, en 1096; Guillaume II, son fils, alla en Terre Sainte avec Louis le Jeune, en 1147; Thibaud ou Guibaud, sous Louis VIII et sous Louis IX, fit avec trois de ses fils la guerre aux Anglais; ils suivirent le saint Roi à sa première croisade, en 1248, et moururent glorieusement tous les quatre sur le champ de bataille de Massoure, où le Roi fut fait prisonnier; Gui VI fut un des plus brillants chevaliers des règnes de Charles V et de Charles VI. Il se distingua dans la guerre contre les Anglais et les Flamands, prit part à trois expéditions contre les Infidèles ; prisonnier après la défaite de

Nicopolis, et mis en liberté par Bajazet, il mourut à Rhodes, en 1398, en revenant en France.

Ce Gui VI fut père de Georges de la Trémoille, le fameux ministre de Charles VII. Georges eut deux fils : Louis Ier et Georges. Le premier épousa en 1446 Marguerite, fille de Louis d'Amboise, vicomte de Thouars, et sœur de la bienheureuse Françoise d'Amboise, duchesse de Bretagne. Louis Ier fut père de Louis II de la Trémoille, dont on va lire l'histoire; le second, connu sous le nom de sire de Craon, mourut sans enfants.

Louis Ier de la Trémoille habitait d'ordinaire le château de Bommiers, en Berry, que Marie de Sully, femme de Gui VI, avait apporté à la maison de la Trémoille, avec d'autres seigneuries considérables.

Le 20 septembre 1460, Marguerite d'Amboise mettait au monde, au château de Bommiers, son fils aîné, qui fut nommé Louis comme son père. Le chroniqueur a remarqué que, lors de cette heureuse naissance, « le soleil reposoit en son trône et siège de *Libra* (balance), et que toute la monarchie des Gaules étoit heureuse de paix et abondoit en toutes bonnes fortunes, » de sorte que « les astronomes expérimentés disoient que, vu le jour de sa nativité, il seroit appelé par la disposition des corps célestes au service des Rois en leurs affaires civiles et militaires où il acquerroit honneur et inestimable louange, et prendroit alliance et mariage avec le sang royal. »

Ces pronostics se vérifièrent plus tard. Ils attirèrent dès lors l'attention des parents sur un enfant appelé à de si hautes destinées et les portèrent à le faire élever avec le plus grand soin, surtout dans les exercices qui convenaient à la carrière des armes. Ses trois frères puînés, Georges, Jacques et Jean, furent ses premiers compagnons dans son apprentissage militaire. La petite troupe, se recrutant d'autres nobles enfants du même âge, se livrait à des jeux qui rappelaient les tournois et les batailles; au milieu des champs, ils attaquaient de petites cabanes comme s'ils eussent livré assaut à une ville, se servant de bâtons en guise de lances; ils se livraient à tous les passe-temps du métier des armes, montrant qu'ils y trouvaient plus de plaisir qu'à l'étude des lettres, excepté le plus jeune des frères, nommé Jean, qui, dès son jeune âge, se destinait à l'église.

Louis était, au sortir de l'enfance, beau comme un demi-dieu, dit la chronique. Son corps était de moyenne stature, ni trop grand, ni trop petit, bien organisé de tous ses membres, la tête levée, le front haut, les yeux verts, le nez moyen et un peu aquilin, la bouche petite, le menton fourchu, le teint brun et clair, et les cheveux crêpés reluisants comme l'or.

A cette bonne grâce, il joignait une modestie qui lui conciliait l'estime et l'affection de ses compagnons; une prudence et une discrétion au-dessus de son âge, qu'il poussait jusqu'à rester impénétrable même à sa mère, quand son père lui avait confié un secret.

Le seigneur de la Trémoille s'entretenait souvent avec son fils des troubles intestins qui ensanglantèrent le règne de Louis XI. La révolte des principaux seigneurs, connue sous le nom de *Ligue du bien public,* la guerre déclarée par le duc de Bourgogne, Charles le Téméraire, à son suzerain, fournirent au jeune Louis l'occasion de manifester hautement son dévouement au Roi et à la couronne. « Si j'étais avec le Roi, disait-il, j'essayerais de le secourir. » Une fois, il donna un soufflet à un de ses compagnons qui soutenait la querelle des princes mutinés.

Louis XI fut informé des qualités du jeune La Trémoille, et craignant que son adversaire, le duc de Bourgogne, ne l'attirât à sa cour, il manda à son père qu'il voulait attacher son fils aîné à son service et qu'il le priait de le lui envoyer.

Le seigneur de la Trémoille, outre qu'il souffrait avec peine de se voir privé de la présence de son fils, avait contre le Roi des griefs qui lui tenaient fort au cœur. Quelque temps auparavant, Louis XI s'était emparé de la vicomté de Thouars et des autres seigneuries de Louis d'Amboise, beau-père du seigneur de la Trémoille, et en avait fait présent à divers seigneurs, sous prétexte que Louis d'Amboise était du parti du duc de Bretagne. Le père répondit au messager du Roi que son fils était encore trop jeune, et qu'il l'enverrait l'année suivante.

Le jeune Louis eut connaissance de ce message ; sa résolution fut bientôt prise. Avec sa franchise ordinaire, il vint trouver son père et le pria de l'envoyer à la Cour du Roi, qu'il regardait comme une école d'honneur pour les jeunes gentilshommes, au lieu de le laisser s'engourdir dans l'inaction. Le père fut ému de ces dispositions généreuses de son fils; mais il ne céda pas à sa prière. Il chargea même sa femme d'employer tout ce que sa tendresse maternelle lui inspirerait pour détourner le jeune Louis de sa résolution. Celui-ci ne voulut croire ni père, ni mère, et après avoir fait presser son père de lui accorder son congé, voyant qu'il restait inflexible, il prit la résolution de s'échapper.

En compagnie d'Odet de Chazerac, jeune enfant un peu plus âgé que lui, il partit secrètement de Bommiers pour aller à la Cour se présenter au Roi. L'escapade n'eut pas de succès. Le père envoya deux serviteurs après les deux aventuriers, et ils furent ramenés au château fort déconcertés.

Le chroniqueur ne manque pas cette occasion de composer deux grands discours développés selon toutes les règles de la rhétorique.

Celui du père débute par des reproches sévères. Les raisons ne manquent pas pour dissuader le jeune homme. Dans la guerre contre les seigneurs, le parti du Roi ne sera peut-être pas le plus fort. Son caractère soupçonneux mécontente les seigneurs ; il s'affaiblit lui-même par ses défiances. Que fera la présence d'un jeune gentilhomme à peine adolescent, pour la cause du Roi? La Cour, qu'il ne s'y trompe pas, n'est point une école d'honneur, c'est au contraire une école de vices, d'autant plus dangereuse que le vice y porte la livrée de la vertu.

Louis répond à son père qu'il regrette de lui avoir désobéi. Mais il ne craint point et ne désire point le séjour de la Cour. C'est à l'armée qu'il veut être, pour y suivre les exemples de ses pères et y acquérir de l'honneur. Si le Roi est soupçonneux, c'est une raison pour répondre à son appel. La neutralité dans les circonstances présentes serait trop périlleuse. Tout jeune qu'il est pour le métier des armes, il trouve dans ses goûts, son caractère et sa complexion des assurances de succès. Alexandre le Grand, à douze ans, Coriolan, à treize ans, Cyrus, encore enfant, Hérode Antipater, à quinze ans, Baudouin III, roi de Jérusalem, au même âge, se distinguaient par leurs exploits.

L'érudition prêtée au jeune Louis par Jean Bouchet allait peut-être se donner carrière, quand survint à propos un nouveau messager du Roi, qui interrompit l'enfant en sa gracieuse et prudente réponse. Il apportait au seigneur de la Trémoille l'ordre d'envoyer son fils, sous peine de désobéissance ; ce qui rendit inutile tous les arguments, mais non sans que le père en fût affligé.

Quinze jours après, Louis, arrivé à la fin de sa treizième année, bien vêtu, bien monté, s'acheminait vers le Roi, en compagnie de son fidèle ami, Odet de Chazerac. Il fut reçu avec amitié par le Roi, et mis au nombre des enfants d'honneur. Il se distingua tellement dans les exercices de guerre qui faisaient l'occupation de cette jeunesse, qu'on ne parlait à la Cour que du jeune La Trémoille, ce dont le Roi conçut une grande joie. Il présagea dès lors, lui qui se connaissait en hommes, que ce jeune gentilhomme serait un jour l'honneur et le soutien du royaume.

Quelquefois, ses compagnons prédisaient au jeune Louis qu'il deviendrait aussi gras que son oncle paternel le seigneur de Craon, l'un des plus vaillants chevaliers et capitaines, que le Roi estimait fort, mais qui était affligé d'un extrême embonpoint. « Je m'en garderai, si je puis, répondait-il. » Aussi prenait-il tous les moyens de se conserver allègre et dispos. On ne le vit jamais s'asseoir, excepté un quart d'heure pour dîner, et autant pour souper; il mangeait non par gourmandise, mais seulement pour satisfaire sa faim, et le moins qu'il pouvait ; régime qui le maintint toute sa vie en vigueur et agilité.

Quatre mois après l'arrivée de Louis à la Cour, le seigneur de Craon, prié par son neveu de le faire profiter des leçons de sa prudence et de son expérience, lui traça par écrit une suite de conseils ou préceptes moraux, que le chroniqueur a délayés en cent strophes rimées, dont nous citerons quelques-unes :

> Mon cher nepveu, qui désires tel estre
> Que les gens droicz, lis au long ceste lettre.
> Et si des meurs (1) la lunette ou verre as,
> Comme il faut vivre au monde tu verras.
> . . . .
> Premièrement est requis que l'on ame (2)
> Et craigne Dieu sur tout, de corps et d'âme ;
> C'est cestuy-la qu'on doibt sur tous servir
> D'œuvre et de cœur, et à luy s'asservir.
> . . . .
> Ouis (3) volontiers, mais non pas grands parleurs,
> Car tous leurs dictz sont de pauvres valeurs ;
> Parle petit (4), car en tant de langage
> L'âme ou l'honneur volontiers on engage.
> . . . .
> Garde-toi bien de compagnie folle,
> Car en tous temps et tous lieux gens affolle ;
> Suis gens de bien, tout bien y apprendras,
> Avec gens droictz de grands biens à prendre as.
> . . . .
> Ton cœur toujours s'accorde à la parolle,
> La langue au cœur ; apprends cela par rolle ;
> Car quand le cœur la langue contredict,
> C'est fausseté ; qui à l'encontre dict
> De ce qu'il pense, est proditeur (5) et double.

(1) Mœurs.
(2) Aime.
(3) Écoute.
(4) Peu.
(5) Traître.

. . . .
Les livres bons tu liras au séjour,
Mal ne feras y prenant goût ce jour ;
Ce que tu lis retiens et le contemple,
Et par après tu en feras compte ample.
. . . .
Ne crains la mort, mais veille si bien vivre
Que le mourir de tous maulx te délivre.
. . . .
De vilains mots bouche ne soit salie
Car qui le fait, d'infameté s'allie.
. . . .
Bâille ton corps à médecin féal,
Et ton secret à ton ami léal.
Garde-toi bien d'user trop de mensonges ;
Un mensongier est haï. . . . .
. . . .
Si tu vis bien, ne prends garde aux languards (1),
Car empescher tu ne peux ces brayards (2);
Mais quoi qu'ils dient c'est chose bien notoire
Que ton bien vivre en aura la victoire.
. . . .
Si marié tu es, ame (3) ta femme,
Ou tu perdras ton bon bruit et ta fame (4) ;
Ne fais ne dis mal devant tes enfans;
Si tu le fais, bonnes mœurs leur deffends.
. . . .
Par grand richesse et par très grant beauté
Femme n'espouse ; il n'y a loyauté.
Mais femme prends qui soit de bonne race,
Ayant beauté moyenne et bonne grâce.

(1) Bavards.
(2) Braillards.
(3) Aime.
(4) Renommée.

. . . .
Mêle au labeur que tu prends quelque joie,
Car peu vivra l'homme qui ne s'esjoie (1).

. . . .
Si mourir veulx en la grâce de Dieu
L'amer (2) te fault et ton proche en tout lieu.

Les conseils du seigneur de Craon adressés au jeune seigneur de la Trémoille contribuèrent à le faire croître en vertu. Aussi le roi Louis XI conçut-il pour lui des sentiments d'estime qu'il déclara à Maître Guillaume Hugonnet, chancelier de Bourgogne, et au seigneur de Contay. Car ces seigneurs étant venus à Vervins vers le Roi, de la part de leur maître, pour traiter d'une trêve de neuf années, semblable à celle qui avait été conclue auparavant entre les rois de France et d'Angleterre; comme après l'heureux succès de leur mission ils conversaient avec Louis XI des jeunes princes et seigneurs des deux cours de France et de Bourgogne: « Voyez-vous ce jeune gentilhomme ? dit le Roi en leur montrant Louis de la Tré-

(1) Se réjouit.
(2) L'aimer.

moille. La maison de Bourgogne a nourri et entretenu longtemps ceux de sa maison, mais je lui ai enlevé ce rejeton, dans l'espérance qu'il tiendra barbe aux Bourguignons. » Le jeune page entendit cet éloge, et n'en devint que plus ardent à désirer qu'on lui mît le harnais sur le dos.

Ce jour arriva bientôt. Charles le Téméraire étant mort sous les murs de Nancy, le Roi de France mit des troupes sur pied pour occuper les États de son adversaire. Louis de la Trémoille, alors âgé de 16 ans, entra dans la carrière des armes, qu'il n'abandonna plus jusqu'à sa mort.

CHAPITRE II

Louis de la Trémoille perd son père et réclame ses biens saisis par le Roi. — Projet de mariage de Louis avec Gabrielle de Bourbon. — Stratagème qu'il emploie pour parler à sa fiancée. — Le mariage est célébré. — Restitution de ses biens saisis par Louis XI ordonnée par Charles VIII.

Ce fut peu de temps après qu'il reçut la nouvelle de la maladie dont son père avait été atteint. Il obtint de se rendre à Bommiers, où il trouva Louis Ier de la Trémoille à l'extrémité. Il recueillit son dernier soupir et lui fit faire les obsèques convenables à son rang.

Cette mort laissait le jeune Louis II, comme aîné et principal héritier, chargé de ses trois frères Georges, Jacques et Jean, et de ses trois sœurs, Anne, Antoinette et Catherine, tous mineurs. Après avoir donné ordre à sa maison, il résolut, par le conseil de ses amis, de retourner à la Cour du Roi de France, dans l'espoir d'employer son crédit pour obtenir la restitution de la vicomté de Thouars, de la principauté de Talmond, des seigneuries d'Amboise, Montrichard, etc., domaine de sa mère, dont Louis XI, comme on l'a vu plus haut, s'était emparé.

Il se dirigea donc avec ses trois frères vers la ville de Tours, parce que le Roi habitait son château du Plessis, situé près de cette ville. Il avait des amis à la cour, qu'il sollicita de s'employer pour lui; mais aucun d'eux n'eut la hardiesse de parler au Roi de la réclamation du jeune La Trémoille. On lui conseilla de s'adresser à l'archevêque de Tours, Élie de Bourdeilles, de l'ordre des Frères mineurs, prélat de grande sainteté, et assez courageux pour parler librement à Louis XI de ce qui concernait sa conscience. Louis de la Trémoille vint donc trouver l'archevêque, qui lui prêta l'oreille et promit de s'adresser au Roi à la première occasion favorable pour obtenir gain de cause. L'état de maladie de Louis XI retarda ce moment. Mais un jour que l'archevêque le trouva le corps moins souffrant et l'esprit plus tranquille, il se hasarda à lui dire : « Sire, le fils aîné du feu seigneur de la Trémoille, que vous aimez, m'a plusieurs fois prié de vous parler des terres et seigneuries de sa famille, dont il espère de vous la restitution. — Je ne les ai pas prises, répondit le Roi, pour les retenir, mais seulement pour empêcher que mes ennemis ne s'en rendissent maîtres. Je les garde à ce jeune seigneur de la Trémoille, lequel, à mon jugement, sera l'un des principaux protecteurs et défenseurs de la Maison de France. » L'archevêque profita de cette réponse pour presser le Roi de se charger lui-même de la restitution, et de n'en pas laisser le soin à ceux qui, après sa mort, oublieraient ses intentions. Louis XI remit la conclusion de cette affaire à un autre jour;

mais sur de nouvelles instances de l'archevêque, il consentit à donner audience à Louis de la Trémoille, qu'il reçut avec ses trois frères dans sa chambre, où aucun des princes même n'avait entrée.

Le jeune Louis parla au Roi avec un respect mêlé de fermeté, comme il convenait à un sujet réclamant son droit. Il termina son discours par ces paroles : « Considérez, Sire, les services et mérites de nos pères : depuis plus d'un siècle, pas une bataille n'a été livrée qu'ils n'y aient pris part avec honneur. S'il vous plaît donc de nous faire restituer nos terres, tout en nous rendant justice, vous nous obligerez à rester toujours fidèles serviteurs de vous et de votre royaume. »

Louis XI écouta avec une certaine émotion le discours de son jeune serviteur. Il en était intérieurement satisfait : « Mon jeune ami, lui dit-il, retirez-vous à votre logis avec vos frères ; j'ai entendu votre affaire, j'y pourvoirai par le conseil de l'archevêque de Tours, en sorte qu'il vous sera permis de m'appeler Roi et père. »

Quelques jours après, il fit venir Louis de la Trémoille, et lui rappelant que, dès l'âge de treize ans qu'il était venu à sa Cour, il l'avait toujours considéré comme le futur défenseur du royaume et de la couronne de son fils Charles, il lui recommanda de ne pas tromper ses espérances. Quant à ses terres de Thouars et autres du Poitou, il avait ordonné qu'elles lui fussent rendues; mais pour Amboise et Montrichard, il proposerait une compensation, ces seigneuries étant situées en Touraine, province qui devait rester dans la dépendance directe de la couronne.

Louis de la Trémoille remercia le Roi et ne songea plus qu'à hâter le recouvrement des Lettres patentes nécessaires pour rentrer dans ses biens. Mais la maladie de Louis XI, qui empirait de jour en jour, sans qu'il voulût le laisser paraître, fit différer jusqu'à sa mort la signature de ces lettres, de sorte que, en août 1483, lorsque le Roi mourut, la

Trémoille n'avait encore, pour la restitution de ses terres, que la promesse verbale du souverain.

Charles, fils unique de Louis XI, qui lui succédait sous le nom de Charles VIII, avait quatorze ans à la mort de son père. Il était sous la tutelle de sa sœur aînée, Anne de Beaujeu, désignée par le Roi défunt pour le gouvernement dela personne de Charles, et confirmée dans cet emploi par les Etats généraux de Tours en 1484. Quoique la régence fût attribuée à un conseil composé de princes du sang royal et d'autres seigneurs, Anne obtint de fait le gouvernement du royaume durant la minorité de son frère. Elle chercha d'abord à s'assurer les grands dont la fidélité avait besoin d'être soutenue. Parmi eux, elle voyait le jeune Louis de la Trémoille, qui à l'illustration de son nom joignait des qualités présageant un chef de guerre et un homme de gouvernement; elle connaissait d'ailleurs son dévouement au service du souverain. Elle résolut de se l'attacher en le mariant avec une princesse du sang royal, Gabrielle de Bourbon, fille de Louis de Bourbon, comte de Montpensier, laquelle descendait de Saint Louis à la septième génération, et était nièce de Pierre de Bourbon, sire de Beaujeu, mari d'Anne, sœur et tutrice du Roi.

Louis de la Trémoille accueillit la proposition de cette alliance avec joie, mais il eût désiré, avant de s'engager, connaître sa fiancée mieux que par le portrait qu'on lui avait donné. Souvent Anne de Beaujeu l'entretenait du mariage projeté; il répondait qu'il ferait tout ce qui plairait au Roi et à elle, mais il eût bien voulu qu'elle lui dît : « Allez voir votre fiancée à Montpensier. » Enfin, un jour il s'enhardit jusqu'à répondre à la dame de Beaujeu, qu'avant de parler de mariage, il fallait savoir la volonté de celle sans laquelle on ne pouvait rien faire. Il espérait obtenir d'être chargé d'aller lui-même demander la main de la princesse. Mais cet espoir fut déçu. On résolut que l'un des gentilshomme de la maison du Roi, fort grand ami du seigneur de la Trémoille, aurait cette commission. Louis vit dans le choix du messager une occasion favorable dont il voulut profiter. Il se concerta avec lui pour l'accompagner sous un déguisement. Sous prétexte d'aller à sa maison de Bommiers, il demanda un congé de quinze jours, et alla rejoindre le gentilhomme sur la route d'Auvergne. Arrivés à Montpensier, Louis de la Trémoille, sous le nom de l'envoyé, obtint une audience de la jeune princesse, et lui présenta lui-même les lettres de créance de Mme de Beaujeu. Il ajouta : « Je suis chargé, Madame, de savoir de vous votre volonté sur le mariage, dont Madame votre tante vous a déjà fait parler, avec le jeune seigneur de la Trémoille. » — « Je ne l'ai jamais vu, répondit Gabrielle, mais sa bonne renommée me fait espérer que je serai heureuse d'avoir été recherchée par lui. » — « Eh bien, madame, répliqua le faux messager, je vous assure que s'il est dans votre bonne grâce, vous êtes autant ou mieux dans la sienne. Il eût bien voulu obtenir de vous venir voir pour vous exprimer lui-même ses sentiments. » Après quelques propos galants, Louis prit congé de sa future épouse, charmé de sa grâce et heureux du bon accueil fait à sa demande. Le lendemain, il envoya un page chercher la réponse de la princesse à Mme de Beaujeu, et lui remettre en même temps une lettre où il découvrait son stratagème, en s'excusant sur l'ardeur de son amour. Le page rapporta une double réponse dont le contenu se devine aisément : l'une pour Anne de Beaujeu qui lui serait remise par le gentilhomme son envoyé, l'autre pour La Trémoille qui la conserva précieusement.

Les deux amis reprirent ensuite le chemin de la Cour, et pendant que l'envoyé de Mme de Beaujeu achevait sa mission, Louis séjourna quelques jours à Bommiers afin de dissimuler sa ruse amoureuse. Dès qu'il fut retourné à la Cour, les instances du roi, d'Anne de Beaujeu et des seigneurs, et plus encore son affection, hâtèrent une union si désirée. Le mariage fut célébré en Auvergne le 9 juillet 1485, et les deux jeunes époux vinrent habiter Bommiers. Un an après, la dame de la Trémoille mettait au monde un fils, qui eut pour parrain le roi Charles VIII, dont il reçut le nom.

Peu de temps après son mariage, décembre 1486, Louis de la Trémoille fit le règlement des dépenses de sa maison. Son *argentier* ou trésorier devait, sur les recettes des domaines, fournir chaque mois 200 livres tournois pour les dépenses ordinaires de Monseigneur, 200 livres pour les dépenses ordinaires de Madame; 100 livres pour les dépenses extraordinaires de Monseigneur et 100 livres pour les dépenses extraordinaires de Madame. Il devait fournir chaque année 1,000 livres pour les procès et autres affaires; 2,000 livres pour payer les dettes; 400 livres pour les gages des officiers de Monseigneur et de Madame. Il devait prendre pour ses gages et frais de voyage 100 livres. Toutes ces sommes ensemble faisaient un total de 11,700 livres tournois, au delà duquel il ne devait rien dépenser sans mandement spécial (1).

Cependant, Louis poursuivait la délivrance de ses biens, promise par Louis XI et non encore effectuée. Enfin Charles VIII, par lettres patentes datées d'Amboise le 30 septembre 1483, rendit les terres et seigneuries confisquées sur Louis d'Amboise. Ces terres consistaient en la vicomté et seigneurie de Thouars, la seigneurie de Mauléon, la principauté de Talmond, Berrie, l'île de Ré, Marans et autres seigneuries sises en Poitou et en Saintonge. Les lettres patentes énumèrent les causes qui avaient amené la confiscation. Louis d'Amboise, sous le roi Charles VII, dissipait follement sa fortune, ses filles Françoise et Marguerite sollicitèrent son in-

---

(1) Arch. de M. le duc de la Trémoille. — La livre tournois, à cette date, peut être évaluée à 40 francs de notre monnaie actuelle; ce qui faisait une somme de dépenses annuelles de 468,000 francs.

terdiction. Le procès était encore pendant, lorsque Louis XI monta sur le trône. Ce roi, mécontent que Françoise eût épousé le duc de Bretagne contre sa volonté royale, et craignant qu'elle fît son mari souverain de la vicomté de Thouars, persuada à Louis d'Amboise, en janvier 1462, de la lui céder. Mais cette donation fut attaquée, à cause du procès en interdiction qui était encore pendant. Cette difficulté fut levée par ordre de Louis XI et la vente des seigneuries de Louis d'Amboise fut faite le 5 septembre 1462 en faveur du roi moyennant 100,000 écus, dont Louis d'Amboise ne reçut que 10,000, et donna quittance du reste. Ce qui établit que cette vente était fictive, et n'était en réalité qu'une confiscation. D'ailleurs ces terres n'étaient plus à la disposition de Louis d'Amboise. La vicomté de Thouars avait été donnée à Françoise et d'autres terres à Marguerite, ses filles, par leur contrat de mariage. Le père ne jouissait que de l'usufruit. Ces faits rendaient cette vente ou donation nulle ou illégale. Marguerite et son mari Louis de la Trémoille étant devenus héritiers de leur sœur Françoise, y firent opposition. Depuis, Louis XI reconnut la validité de leurs droits et consentit à leur rendre les terres détenues injustement. Il en laissa le soin à son fils et successeur qui leva toutes les difficultés et ordonna purement et simplement sa restitution.

Louis de la Trémoille donna à ses frères Georges, Jacques et Jean leurs apanages, et demeura comte de Benon, vicomte de Thouars, prince de Talmond, baron de Craon, seigneur de Mareuil, de Sainte-Hermine, de Sully, de l'Ile-Bouchard, des îles de Ré et de Marans, de Mauléon, etc. Il prit seul à sa charge les procès et les dettes de son père (1).

Le seigneur de la Trémoille avait la fortune et le bonheur. Il allait y joindre la gloire.

(1) Chartrier de Thouars,

CHAPITRE III

Guerre de Bretagne. — Campagne de 1488, dirigée par La Trémoille.— Bataille de Saint-Aubin du Cormier. — Légende du souper de la Trémoille. — Fin de la guerre de Bretagne. — Mariage du Roi avec la duchesse de Bretagne.

Nous avons dit plus haut que la dame de Beaujeu avait, outre la tutelle de son frère, exercé de fait la régence durant la minorité de Charles VIII. Le conseil qui l'assistait avait pour chef le duc d'Orléans, cousin du Roi. Celui-ci souffrit avec peine la prééminence de la princesse dans les affaires du gouvernement. Il s'efforça de l'obtenir pour lui-même et chercha à se créer un parti, surtout auprès des bourgeois de Paris. La dame de Beaujeu, avertie de ses manœuvres, envoya dans cette ville des gens pour l'arrêter, mais il s'évada et se réfugia à Alençon. Il tenta alors d'attirer à son parti ses collègues du Conseil de régence, Dunois, duc de Longueville, le comte d'Angoulême, le duc de Bourbon, le sire d'Albret. Il réussit en partie et forma une faction redoutable contre la Régente. Celle-ci sut la déjouer et la rompre par son adresse, de sorte que le duc d'Orléans n'eut d'autres ressources que de se retirer en Bretagne près du duc François II, ancien ennemi du défunt Roi. La guerre se ralluma de ce côté entre Charles VIII, d'une part, et, de l'autre, les ducs de Bretagne et d'Orléans et le comte de Dunois, aidés des Anglais, qu'ils avaient appelés à leur secours contre le Roi de France.

Charles VIII leva une armée qui, en mai 1487, alla attaquer le duc de Bretagne dans son duché par trois endroits. Après s'être emparés de plusieurs places fortes, les Français mirent le siège devant Nantes, où se trouvaient, avec le duc François II, ses deux filles, Anne et Isabeau, le prince d'Orange, la dame de Laval, l'évêque de Nantes et le comte de Comminges. Louis de la Trémoille, alors âgé de 27 ans à peine, prit part à ce siège et s'y montra l'égal des chefs les plus expérimentés. Après sept semaines d'attaques sans résultat, les fortes chaleurs contraignirent l'armée française à lever le siège. Elle se dirigea vers la ville de Dol qui fut prise sans résistance. Le maréchal de Rieux était demeuré jusque-là, ainsi que plusieurs barons de Bretagne, fidèle au Roi de France; mais, voyant les progrès de son armée dans la province, ils craignirent pour leur indépendance et s'attachèrent à la cause du duc. Rieux, qui occupait Ancenis pour le roi, livra cette place aux Bretons, alla prendre Châteaubriand, puis, au commencement de 1488, mit le siège devant la ville de Vannes, qui se rendit bientôt.

Charles VIII se résolut alors à pousser vigoureusement le duc de Bretagne. Il réunit toutes ses forces disséminées sur plusieurs points, et forma une armée d'environ 15,000 hommes. Il choisit pour la commander, de l'avis de son conseil, Louis de la Trémoille. La jeunesse du général (il n'avait pas encore 28 ans) était merveilleusement compensée par sa prudence, son habileté, sa décision, dont il avait donné des preuves durant le siège de Nantes et pendant toute la campagne de l'année précédente. Ses troupes s'étaient rassemblées à Pouancé, en Anjou; La Trémoille se rendit dans cette ville le 18 mars 1488. Il y tint conseil pour dresser le plan des opérations de la guerre. Il fut décidé qu'on irait assiéger Fougères, forte place frontière (1). Mais ce projet ne fut pas mis immédiatement à exécution. La

---

(1) Nous suivons, dans notre récit, la *Chronique de Jean Bouchet*. Mais les *Lettres de Charles VIII à La Trémoille*, publiées il y a quelques années par M. le duc de la Trémoille, et l'*Histoire de la guerre de Bretagne en 1488*, écrite par M. de la Borderie d'après cette correspondance, nous donnent une description des opérations plus exacte et plus complète. Aussi emprunterons-nous à ces deux ouvrages les détails les plus intéressants touchant cette glorieuse campagne.

Trémoille partit de Pouancé le 28 mars pour marcher d'abord au secours de M. de Rohan menacé dans Josselin. Le jeune général regardait ce mouvement, qui dès le début engageait son armée au cœur même de la Bretagne, comme une faute grave ; mais le Roi l'ordonnait, il devait obéir. Il s'avança avec une prudente lenteur, et dès qu'il reçut la nouvelle que M. de Rohan avait réussi à se mettre en marche avec toutes ses forces pour venir joindre le Roi, il regagna, le 4 avril, ses cantonnements de Pouancé. Il n'en partit que le 15 pour aller mettre le siège devant la ville de Châteaubriand, qui, battue par l'artillerie française, se rendit le 23. La place fut démantelée. Ce fut après cet avantage que La Trémoille se disposa à marcher sur Fougères ; mais, d'après l'ordre du Roi, ce projet fut suspendu. Charles voulait qu'on s'occupât auparavant de reprendre Ancenis, sur la Loire, place qui appartenait au maréchal de Rieux. Elle fut investie par terre et par eau le 14 mai. Cinq jours après, le

19, elle se rendait, accablée par la puissante artillerie de La Trémoille. Ces premières opérations accomplies avec succès, l'armée se dirigea vers Fougères. Mais une trêve, prolongée à plusieurs reprises, retarda encore l'attaque de cette ville, qui ne fut assiégée que le 12 juillet.

Cependant, l'armée du duc de Bretagne, formant environ 12,000 hommes, se mit de son côté en mouvement, pour marcher au secours de cette importante place. Le duc d'Orléans, le sire d'Albret, le maréchal de Rieux, le prince d'Orange, les seigneurs de Comminges et de Châteaubriand, le seigneur de Léon, fils aîné du seigneur de Rohan, le comte de Scales, gentilhomme anglais, à la tête d'un corps d'archers de sa nation, s'étaient joints à cette armée. Elle vint se loger dans un village nommé Andouillé, à huit lieues de Fougères. Mais La Trémoille pressa vivement la place, qui, avant l'arrivée du secours, et après sept journées de siège, se rendit par composition.

L'armée bretonne, restée inactive, n'apprit la perte de cette ville que par les habitants qui s'en étaient échappés. On résolut alors de réparer ce désastre en prenant l'offensive contre les Français par l'attaque de Saint-Aubin-du-Cormier, qu'ils occupaient.

Les Bretons arrivèrent le samedi 26 juillet, vers le soir, au village d'Orange, situé à deux lieues de Saint-Aubin. Là, ils furent avertis que les Français étaient décidés à leur livrer bataille. Le lendemain, dimanche, ils rangèrent leur petite armée. L'avant-garde fut confiée au maréchal de Rieux, le corps de bataille au seigneur d'Albret, et l'arrière-garde au seigneur de Châteaubriand. On ne comptait dans l'armée que des archers anglais; pour faire croire qu'ils étaient en plus grand nombre, on leur adjoignit 1,700 Bretons vêtus de hoquetons à croix rouges (1). Comme les gens de pied du duc de Bretagne voyaient avec une certaine

(1) La croix rouge était le signe national des Anglais.

défiance les gens de cheval français qui se trouvaient dans leur armée, et même le duc d'Orléans et le prince d'Orange, tous se mirent à pied et se joignirent au corps de fantassins allemands qui servaient le duc de Bretagne.

Louis de la Trémoille, qui venait de Fougères au-devant de l'ennemi, étant arrivé ce même dimanche 27 juillet près de Saint-Aubin-du-Cormier, envoya à la découverte Gabriel de Monfaulçois (autrement dit Montfaulcon) avec quelques cavaliers d'élite. Ils purent s'approcher assez de l'armée bretonne pour faire un rapport exact de l'ordre qu'ils y avaient observé. Aussitôt La Trémoille fit ranger son armée. Il chargea Adrien de l'Hospital de l'avant-garde, se réserva le corps de bataille, et donna l'arrière-garde à Baudricourt.

Les Français, à peine rangés, marchèrent résolument à l'ennemi, qu'ils rencontrèrent près d'un petit bois. Il était alors deux heures de l'après-midi. Des deux côtés, on engagea l'action par une décharge générale de l'artillerie qui causa de grands ravages dans les rangs des deux armées. Alors l'avant-garde du Roi attaqua l'avant-garde bretonne qui soutint bravement le choc. Mais la corps de bataille français s'étant jeté impétueusement sur celui des ennemis, les fit reculer. Leur ligne une fois rompue, le désordre se mit dans les rangs et se communiqua à leur arrière-garde. A ce moment, La Trémoille et son lieutenant, Jacques Galiot, hardi et vaillant chevalier, chargèrent à la tête d'un corps de cavalerie, écrasant les gens de pied qu'ils trouvaient devant eux et s'attaquant surtout à ceux qui portaient la croix rouge et qu'ils prenaient pour des Anglais. Le duc d'Orléans et le prince d'Orange qui combattaient à pied furent faits prisonniers, le maréchal de Rieux réussit à s'échapper et se réfugia à Dinan. Les seigneurs de Léon, de Pont-l'Abbé, de Montfort, et plusieurs autres nobles bretons restèrent morts sur le champ de bataille. L'armée du duc perdit environ 6,000 hommes, presque tous tués. Les Français perdirent environ 1,200 hommes, entre autres le vaillant Jacques Galiot, dont l'ardeur avait beaucoup contribué au succès de la journée.

La Trémoille écrivit le soir même au Roi, qui se trouvait alors au château du Verger, à cinq lieues d'Angers, pour lui faire connaître les circonstances de la bataille. Il reçut de son souverain la réponse suivante en date du mercredi 30 juillet :

« Cher et féal cousin, hier, environ huit heures du matin, arriva un chevaucheur de notre écurie, lequel venait de là où vous étiez, qui nous a dit comme vous aviez défait les Bretons et que notre frère d'Orléans y avait été pris, et que le seigneur d'Albret avait été tué avec plusieurs autres, dont nous fûmes très joyeux.... Aussi appréciant le grand service que nous y avez rendu, nous vous remercions tout autant qu'il nous est possible ; car le service n'est pas petit et nous savons certainement que par votre bonne et sage conduite la chose est ainsi advenue. Aussi, vous pouvez être assuré que jamais nous ne le mettrons en oubli, mais que toujours nous en aurons une bonne souvenance » (1).

Un récit légendaire a jeté une ombre sur la gloire du jeune capitaine. L'auteur d'une *Vie de Louis XII*, en latin (2), écrite sous le règne même de ce prince, rapporte ce qui suit :

« La Trémoille rentré dans son logis, après la bataille, fit servir un magnifique repas. Il y fit asseoir le duc d'Orléans au-dessus de lui, et le prince d'Orange à ses côtés; les autres capitaines prisonniers prirent place autour de la table. A la fin du repas, La Trémoille donna l'ordre de faire entrer deux religieux franciscains; la crainte saisit les convives. Tous croient leur dernier moment arrivé, et regardent ces reli-

(1) Corresp. de Charles VIII, n° 175.
(2) A. Godefroy, *Hist. de Charles VIII*, p. 273.

gieux comme des confesseurs chargés de les préparer à mourir. Il se fait un grand silence; La Trémoille se lève et leur dit : « Messeigneurs les princes, je n'ai pas de pouvoir sur vous, et quant j'en aurais, je ne l'exercerais pas ; c'est au Roi à décider de votre sort. Mais vous, chevaliers, qui, autant qu'il a dépendu de vous, avez entretenu cette guerre, au mépris de votre devoir et de vos serments de chevalerie, vous allez payer de votre vie votre crime de lèse-majesté. Si vous avez besoin de mettre en ordre les affaires de vos consciences, voici deux religieux. » A ce discours, les lamentations s'élevèrent par toute la table ; les malheureux condamnés suppliaient les princes, dont la révolte les avait rendus coupables et exposés à mourir, d'intercéder pour eux et de les arracher au supplice. Ceux-ci, consternés de cette terrible sentence, ne trouvaient plus de paroles pour attendrir le vainqueur, ils semblaient eux-mêmes destinés à partager le sort de ceux qui les suppliaient. La Trémoille demeura inflexible, et les capitaines furent mis à mort. »

Cette scène de cruauté, connue sous le nom de *Souper de La Trémoille*, n'est qu'une invention romanesque, dont les autres historiens ne disent pas un mot, et qui est démentie par les faits. La Trémoille, au lieu de rentrer à son logis le soir de la bataille, passa la nuit au milieu de ses troupes et ne revint à Saint-Aubin que le lendemain 29 pour y attendre les ordres du Roi touchant ses prisonniers. Le Roi, instruit des événements de la journée du 28, écrit à La Trémoille le 30 la lettre dont nous venons de citer un passage. Après lui avoir parlé de la capture de Louis d'Orléans, il ajoute : « Vous ne nous avez point écrit des autres prisonniers, toutefois gardez-vous bien qu'on en mette un seul à rançon, ni qu'on en laisse aller aucuns ; mais faites-les tous bien garder » (1). Or si

(1) Corresp. de Charles VIII, n° 175.

le massacre des prisonniers avait eu lieu le 28, le soir de la bataille, Charles VIII en aurait été informé par quelqu'un des courriers qui arrivèrent près de lui, et sa lettre du 30 en eût fait mention. Le même jour, 30 juillet, le Roi reçut une nouvelle lettre de La Trémoille contenant des détails sur les prisonniers ; il y répond en ces termes : « Cher et féal cousin, nous envoyons devers vous le sieur de Morviller, notre chambellan, et Jacques de Silly, capitaine de notre garde, tant pour amener notre frère d'Orléans, le prince d'Orange, Aymar de Prie, Georges d'Auxy, Wallerand Goujat, Tynteville, que les autres, ainsi que nous les en avons chargés. Et vous mandons... que leur faites bailler les dits prisonniers, et gardez qu'il n'y ait point de faute » (1). D'ailleurs, ces chefs prisonniers, tant ceux qui sont nommés dans la lettre du Roi, que plusieurs autres, se retrouvent plus tard pleins

(1) Corresp. de Charles VIII, n° 176.

de vie, entre autres Aymar de Prie, qui obtint en juillet de l'année suivante des lettres royales de rémission.

Le *Souper de La Trémoille* n'est donc qu'une de ces fables que des chroniqueurs peu scrupuleux se plaisent à admettre et à répéter sans examen.

Le jeune général poursuivit heureusement sa victoire. Dès le 29, il envoya une sommation à la ville de Rennes de se soumettre au Roi, menaçant les habitants, en cas de refus, d'une punition exemplaire. Les fiers Bretons répondirent qu'ils étaient sujets du duc, qu'ils lui resteraient fidèles, qu'ils ne craignaient pas les Français, et que, si leur ville était assiégée, ils sauraient la défendre. La Trémoille s'attendait à un autre accueil; il crut plus prudent de ne pas s'exposer aux longueurs d'un siège devant une place bien fortifiée, et, laissant Rennes, il se dirigea le 4 août sur Dinan, qui se rendit le 7. Il marcha ensuite vers Saint-Malo, qui se soumit le 14. Cette ville aurait pu se moins presser, car le jour même de la capitulation, le Roi faisait écrire à La Trémoille que le duc ayant demandé une trêve, il eût à suspendre le siège. La perte de cette ville fut un coup fatal à la cause du duc François II. Voyant ce rempart de son duché livré à ses ennemis, il se découragea et ordonna à ses envoyés près du Roi de conclure la paix. Elle fut signée le 19 août au château du Verger et ratifiée quelques jours après par François II.

Charles VIII devait cette rapide conclusion d'une guerre difficile à la prudence et à la décision de son jeune général. La Trémoille fut récompensé par des honneurs; mais on oublia ses dépenses. Il avait fait de grandes avances pour les besoins de la guerre. Sa femme avait engagé ses bijoux pour lui procurer de l'argent. Il avait prêté au Roi une somme de 12,000 livres (près de 500,000 fr. de nos jours). En novembre suivant, trois mois après la paix, on ne lui avait encore rien remboursé. Il adressait au

Roi ses réclamations, et recevait, le 17 novembre, cette réponse : « Je sais bien que vous avez fait des dépenses et que vos sujets ont souffert des pertes ; mais aussi vous avez eu de l'honneur largement, c'est déjà une demi-récompense de la dépense que vous y avez faite. Toutefois je fournirai le reste, de manière que vos enfants ne se sentiront point de ce dommage » (1). Ce ne fut qu'à la fin de l'année suivante, 1489, que le Roi lui assigna 12,000 livres, « pour partie des frais et despenses qu'il avait convenu faire audit seigneur, l'année passée, en l'armée de Bretagne, dont il étoit chef » (2).

Le duc François II survécut peu à sa réconciliation avec le Roi de France. Sa fille aînée, Anne, devenait après sa mort duchesse de Bretagne. Cette princesse avait été recherchée en mariage par le sire d'Albret, Maximilien d'Autriche, roi des Romains, et même le duc d'Orléans, depuis Louis XII.

(1) Correspondance de Charles VIII, p. 222.
(2) Ibid., p. 264.

Charles, VIII qui comprenait l'importance de cette alliance chercha et réussit à éloigner ces concurrents. Il commença par retirer au sire d'Albret la possession de la ville de Nantes, ce qui diminuait sa considération et lui nuisait dans l'esprit d'Anne de Bretagne, qui d'ailleurs l'aimait peu.

Le duc d'Orléans, prisonnier depuis trois ans, fut mis en liberté, et nommé gouverneur de Normandie. La reconnaissance qu'il devait au Roi, et l'intelligence de sa situation comme premier prince du sang, l'éloignèrent d'une concurrence aussi désagréable à son maître que peu avantageuse pour le royaume.

L'archiduc d'Autriche, qui avait déjà épousé la duchesse par procureur en 1490, perdit trop de temps, et laissa aux vrais serviteurs d'Anne le loisir de faire des réflexions sérieuses sur les conséquences funestes que pouvait entraîner pour le duché une alliance contractée malgré le Roi de France. Cet engagement fut encore rompu.

Charles VIII appuya ses prétentions d'une menace de guerre. Il fit semblant de vouloir faire le siège de Rennes, où la duchesse se trouvait. La crainte la décida à faire un traité de paix avec le Roi, lequel fut signé le 15 novembre 1491. Vingt jours après, le 6 décembre, un contrat de mariage fut signé, et, les dispenses du Pape obtenues, le mariage fut célébré entre le Roi de France et la duchesse de Bretagne (1).

(1) V. *Mémoires de Lancelot,* Acad. des Insc. t. XIII, p. 666.

CHAPITRE IV

Expédition de Naples sous Charles VIII. — Progrès de l'armée royale en Italie. — Ambassade de Louis de la Trémoille auprès du Pape. — Charles VIII à Rome et à Naples. — Retour du Roi. — Passage de l'Apennin. — Bataille de Fornoue. — Récompenses accordées à Louis de la Trémoille.

Le Roi Charles VIII (petit de corps, grand de cœur), deux ans après ce mariage qui avait mis fin à la guerre de Bretagne, entreprit une nouvelle guerre, dont l'issue fut plus malheureuse pour la France.

Le royaume de Naples, possédé depuis 1255 par la maison des comtes d'Anjou, était passé en 1421 dans les mains des rois d'Aragon, déjà souverains de la Sicile. Leur héritier était, en 1480, Ferdinand, bâtard d'Alphonse le Magnanime, lorsque Charles d'Anjou, descendant de la race des rois de Naples détrônée par l'usurpation des Aragonais, céda en mourant au Roi de France tous ses droits sur la couronne de Naples. Charles VIII, voyant la France tranquille et en paix avec tous ses voisins, crut le moment favorable pour faire valoir ses droits par la force des armes. Dans le cours de l'année 1493, il rassembla à Lyon une armée de 3,600 hommes d'armes, 6,000 archers à pied, 6,000 arbalétriers, 8,000 piquiers et 8,000 autres ayant arquebuses et épées à deux mains. L'artillerie était de 1,040 pièces, 140 bombardes et 1,200 vascardeurs (1).

L'année suivante, le Roi s'achemina vers l'Italie, menant avec lui dans cette expédition le duc d'Orléans, le duc de Vendôme, le comte de Montpensier, Louis de Ligny, seigneur de Luxembourg, Louis de la Tré-

(1) Ces chiffres de l'artillerie doivent être très exagérés. Nous ne voulons pas les discuter, nous contentant de suivre Jean Bouchet.

moille et plusieurs grands seigneurs qui firent le voyage sans solde et sans autre rémunération que les émoluments de leurs charges et offices.

La description des forces rassemblées par le Roi pour son expédition nous a été conservée dans un document contemporain (1).

Le duc Engilbert de Clèves eut le commandement des troupes allemandes, qui se composaient de 10,000 Suisses, 2,000 hallebardiers et 2,000 bombardiers. Un corps de 24,000 fantassins armés d'arcs ne comprenait que des Français. La Bretagne et la Gascogne avaient fourni 12,000 archers. L'infanterie formait un total de 46,000 hommes.

Le duc d'Orléans commandait les hommes d'armes fournis de lances, au nombre de 14,000.

L'armée était suivie de 3,000 tentes, 500 bombardes, dont plusieurs avaient 24 pieds

---

(1) *Voyage littér. des Bénédictins*, t. II, p. 79.

de longueur, avec leurs boulets d'un poids de 12 à 30 livres. Il s'y trouvait aussi des machines de guerre si pesantes qu'il fallait atteler plus de 60 chevaux à chacune.

Ferdinand, roi de Naples, à l'annonce de l'arrivée des Français, était mort de frayeur dès le mois de janvier 1494. Son fils Alphonse lui avait succédé. Pour essayer de fermer à l'armée française le passage à travers l'Italie, il s'adressa au pape Alexandre VI alors régnant, qu'il réussit à gagner à sa cause.

Cependant le roi Charles VIII, après avoir passé les Alpes en liberté par le mont Genèvre, entra avec son armée en Italie, le 3 septembre.

De Turin, il se rendit à Asti, où il apprit la nouvelle de la prise de Rapallo, place forte voisine de Gênes, occupée par les Napolitains. Ce premier avantage était d'un heureux augure et répandait en Italie la terreur des armées françaises. Mais le Roi tomba malade à Asti de la petite vérole, ce qui retarda de quelques semaines la marche en avant. Le 6 octobre, l'armée se dirigea sur Pavie, et traversa ensuite toutes les villes du Milanais, qui s'empressaient d'envoyer au-devant des Français présenter à Charles VIII les clefs de leurs portes, et recevaient le Roi comme leur souverain, lui faisant des entrées triomphales et des honneurs de tout genre.

Quand l'armée s'approcha de Florence, la ville était profondément divisée. Pierre de Médicis et ses partisans, dévoués au parti napolitain, voulaient se défendre. Le peuple témoignait de vives sympathies pour les Français. Mais les progrès de la cause du Roi en Italie donnèrent à réfléchir au duc de Florence. Il prit le parti d'aller lui-même, avec la principale noblesse de la ville, se mettre, ainsi que tout son État, à la discrétion de Charles VIII. Cette soumission fut confirmée par des ambassadeurs de la cité de Florence, qui voulut avoir l'honneur d'exprimer aussi son dévouement au roi. Appelé avec tant d'instances, Charles VIII se dirigea sur Pise, qu'il traversa pour se rendre à Florence. Le Roi entra à Florence le 17 novembre 1494. Le peuple l'acclamait partout, et dans la ville pavoisée de fleurs de lis retentissaient les cris de *France, France, Vive le Roi!* On remarquait dans le cortège deux mannequins énormes habillés en homme et en femme. L'homme, portant l'armure, tenait un écusson aux armes du Roi; la femme présentait un écriteau sur lequel on lisait en caractères d'or sur argent : *Libertas*. Ensuite se voyait une immense fleur de lis couronnée d'or, posée sur un piédestal sur lequel étaient placés des enfants de chœur qui chantaient et jouaient des instruments. Cette fleur de lis supportait une inscription en lettres d'or sur azur : *Au conservateur et restaurateur de notre liberté.* Ces acclamations, où retentissait le nom de liberté, étaient inspirées par l'espérance que le Roi de France allait affranchir la ville de Florence des lourds impôts dont l'avait chargée Pierre de Médicis.

Cette entrée du Roi était donc plus qu'un triomphe, c'était une fête populaire. Charles VIII attendit à Florence les envoyés du Pape et du Roi de Naples

Un traité fut signé avec les Florentins, par lequel le Roi conservait cinq places de leur État qu'il occupait déjà. Il devait évacuer Florence après la conquête de Naples.

Vers la fin de novembre, l'armée reprit sa marche par Sienne et Viterbe. Là, le Roi fut averti que le pape Alexandre VI, gagné par Alphonse et soutenu par des troupes napolitaines, voulait lui refuser l'entrée de Rome. Avant d'user de la force contre la capitale de la chrétienté, quoique occupée par ses ennemis, Charles VIII voulut employer auprès du Pape la voie de la persuasion.

Il lui envoya une ambassade, à la tête de laquelle était Louis de la Trémoille, pour demander l'entrée libre dans Rome. L'ambassadeur du Roi, après avoir présenté la requête de son maître, exposa au Saint-

Père que le Roi désirait être reçu par lui comme un fils soumis et dévoué, que son entreprise contre Naples n'avait d'autre but que de soutenir son droit contre un usurpateur. Il rappela ensuite les services rendus de tout temps par la France au Saint-Siège, et protesta du dévouement filial du Roi.

Le Pape répondit qu'il manquerait à ses devoirs de Pasteur et de Père en refusant au Roi très chrétien l'entrée de la ville, mais qu'il espérait que, comme son prédécesseur Charlemagne, il laisserait ses troupes à distance et viendrait sans armée demander la bénédiction du Souverain Pontife.

La Trémoille rapporta au Roi cette réponse qui lui parut peu satisfaisante. Des pourparlers s'engagèrent, et ne modifièrent pas les dispositions du Pape. Mais Ferdinand, duc de Calabre, frère d'Alphonse, qui commandait dans Rome les troupes napolitaines, ayant appris l'occupation d'Ostie par le seigneur de Ligny et se voyant exposé à être attaqué par toute l'armée française, évacua la ville et prit son chemin vers Naples. Alexandre VI ne pouvait plus résister. Il se retira dans le château Saint-Ange et laissa la ville ouverte au Roi de France.

Le 31 décembre 1494, Charles VIII fit son entrée triomphale dans Rome, suivi de toutes ses troupes.

Il était précédé de 4,000 archers et de 1,000 hommes revêtus de tuniques argentées, avec les armes royales sur la poitrine. Après lui, s'avançaient 6,000 hommes d'armes armés de pied en cap; enfin 8,000 fantassins fermaient cette marche triomphale. Le Pape s'effraya et envoya le lendemain au Roi deux cardinaux pour demander la liberté de sortir de Rome. Le Roi l'accorda, mais le Pontife se contenta de se tenir enfermé dans le château Saint-Ange.

Enfin, les pourparlers entre le Roi et les Cardinaux envoyés par le Pape amenèrent un rapprochement, et la réconciliation se fit le 15 janvier. Le lendemain, 16, le Roi fit une visite à Alexandre VI, qui se rendit, pour le recevoir, à son palais.

Le 20 du même mois, le Pape chanta la messe, à laquelle le roi assista ; il reçut la communion des mains d'Alexandre VI et lui servit ensuite le vin et l'eau. De son côté, le Pape accorda une indulgence plénière à tous ceux qui étaient présents (1).

Le 28, Charles VIII quitta Rome pour se diriger vers Naples. Louis de la Trémoille ne partit que le lendemain.

Charles n'eut aucune peine à déposséder de leur couronne le roi Alphonse et son fils Ferdinand. Après s'être rendu maître de plusieurs places, il arriva le 18 février à Capoue, où il fut reçu avec acclamations. Le dimanche 22 février, il fit son entrée à Naples. Ce jour-là, dit une relation contemporaine (2), il entendit la messe à environ une petite lieue de la ville et baisa les reliques

---

(1) *Journal de La Trémoille* (Chartrier de Thouars).
(2) *La Prinse et réduction de Naples, etc.* Manuscrits Fontarieu. Bibl. nat. Portefeuilles 149-150.

de saint Barthélemy. Puis il dit : « Or, allons, au nom de Dieu, nous n'avons plus rien à craindre. » Et alors l'armée s'avança en belle ordonnance, le Roi au milieu, avec les gens de son conseil, les cardinaux, archevêques et autres notables clercs. Et, en même temps, les principaux habitants de ladite ville de Naples vinrent en bon ordre au-devant de lui jusqu'à la distance d'une demi-lieue.

Premièrement, venaient les quatre ordres mendiants portant les croix et l'eau bénite, et ensuite toutes les paroisses avec leurs bannières, les prêtres vêtus de riches chapes, et ensuite les abbés, prélats, chanoines et autres dignitaires chantant louanges à Dieu et à toute la Cour céleste. Ensuite venaient les gouverneurs principaux de la ville, bien accoutrés de grandes robes de velours et de damas, et leurs chevaux tout couverts de draps de soie tombant jusqu'à terre. On présenta au Roi une croix qu'il baisa, puis les clefs de la ville. Et les uns baisaient les mains du Roi, les autres ses pieds, et criaient : Noël ! Noël !

Quant le Roi fut à la porte, on lui fit une belle harangue, puis, par subtile machine, on fit descendre de la voûte deux enfants, en figure de deux anges, qui présentèrent au Roi la couronne du royaume de Naples. Le cortège chevaucha ensuite le long des rues jusqu'à l'église cathédrale. Les rues étaient tendues de draps magnifiques et devant les maisons principales il y avait des tables chargées de vins de toute sorte, si forts qu'ils échauffaient les buveurs, comme s'ils eussent mangé de fortes épices. Et on les buvait dans de grandes tasses d'or et d'argent, et chaque buveur jetait son reste dans la rue, tellement qu'on marchait dans un ruisseau de vin qui débordait.

Le Roi chevauchait sous un poêle d'or à franges d'or porté par quatre chevaliers. Quand il arriva devant l'église cathédrale, on lui adressa deux beaux sermons, l'un en français et l'autre en latin, qui durèrent chacun un grand quart d'heure. Il fit ensuite serment de défendre l'Église du royaume. Aussitôt les portes lui furent ouvertes et le clergé commença à chanter à haute voix : *Te Deum laudamus*. Toutes les cloches sonnaient, les orgues jouaient et l'on entendait retentir trompettes, clairons et toutes manières d'instruments.

Le Roi fut ensuite conduit au palais royal, décoré de diverses tapisseries et où se trouvait le trône, magnifiquement orné. Le Roi fut alors pris et élevé sur ce trône par les princes, comtes, barons et chevaliers du pays, qui le proclamèrent. On lui mit en main le sceptre royal et sur la tête la couronne, et il fut sacré par un cardinal roi du royaume de Naples.

Le Roi soupa au palais et là fut fait un banquet merveilleux. Au milieu de la salle était dressé un buffet où il y avait du linge sans pareil et une vaisselle admirable : aiguières, bassins d'or, écuelles, plats, pintes, pots, flacons, grands navires (1), coupes d'or chargées de pierreries, grilles, broches, landiers, poêlettes, tenailles, soufflets, lanternes, tranchoires, salières, couteaux, chaudrons et chandeliers, et tous ces objets d'or ou d'argent.

La soumission de la capitale fut bientôt suivie de celle de presque toutes les autres villes du royaume, qui s'empressèrent de rendre hommage à leur nouveau souverain.

Mais tandis que Charles jouissait à Naples de son facile triomphe, il arriva que le Pape, les Vénitiens, Ludovic Sforce, usurpateur de Milan, le comte Pétillan et autres seigneurs italiens, jaloux du succès des Français, assemblèrent une armée de 70,000 hommes pour tomber sur l'armée du Roi, lors de son retour en France. Charles n'attendit pas d'être enfermé dans l'Italie méridionale, et, le 20 mai 1495, il quitta Naples avec dix à douze mille hommes, et une partie de son

(1) Vases en forme de navires pour recevoir les vins ou liqueurs.

artillerie, laissant le reste au vice-roi de Naples, le comte de Montpensier, beau-frère de Louis de la Trémoille. Il traversa Rome et Florence sans rencontrer d'ennemis. En quittant cette dernière ville, la petite armée, qui suivait une direction choisie de manière à lui faire éviter les forces bien supérieures des Italiens, dut franchir l'Apennin par des routes difficiles. Y faire passer l'artillerie fut une des plus pénibles entreprises qui jamais eussent été tentées. La route était inaccessible aux voitures ; les charrettes du pays n'y passaient jamais. Mais le Roi, plein de confiance en Louis de la Trémoille, et sachant que sa hardiesse et sa forte volonté ne connaissaient pas d'obstacles, lui donna cette laborieuse charge. La Trémoille l'accepta et s'y employa tout entier : son corps, son esprit, sa parole, son argent même, si bien qu'il y acquit de l'honneur et de nouveaux droits à la confiance et à l'affection de son maître. Il ne se contenta pas d'encourager ses troupes par ses discours, il les anima par son exemple. Car quittant ses vêtements, ne gardant que ses chausses et son pourpoint, il se mit à pousser aux roues des charrois, à porter lui-même les lourds boulets de fer. Cette ardeur de leur chef entraîna les soldats. La plupart, étonnés d'abord, puis excités par son exemple, s'attelèrent aux canons et aux voitures, et en peu de temps toute l'artillerie avec les munitions fut transportée à travers les montagnes et les vallées.

L'opération étant heureusement terminée, le seigneur de la Trémoille, « noir comme un More », dit le chroniqueur, à cause de la grande chaleur (on était au mois de juillet), vint en faire le rapport au Roi, qui lui dit : « Aujourd'hui, mon cousin, vous avez fait plus qu'Annibal de Carthage et que Jules César de Rome. »

L'Apennin franchi, le Roi arriva à Fornoue, petite ville à quelques lieues de Parme, et y trouva l'ennemi qui l'attendait, au nombre de 40,000 hommes. Le lendemain, 5 juillet, l'armée s'avança en bon ordre pour forcer le passage. L'avant-garde était conduite par le maréchal de Gyé ; à peu de distance, marchaient les Suisses, sous les ordres d'Engilbert de Clèves, comte de Nevers, et du bailli de Dijon. Derrière eux l'artillerie, toute prête à faire feu, s'avançait sous Guyot de Louviers et Jean de la Grange, maîtres de l'artillerie. Ensuite venait la *bataille,* ou le corps d'armée, dont le Roi s'était réservé le commandement, ayant autour de sa personne les seigneurs de Ligny, de Piennes et autres gentilshommes et capitaines vaillants et hardis. Enfin, l'arrière-garde était conduite par Louis de la Trémoille.

L'armée ennemie reçut les Français par la décharge d'une grosse pièce d'artillerie pointée contre l'avant-garde, qui ne s'en émut guère et continua d'avancer. Puis l'artillerie du Roi commença son feu avec tant d'adresse qu'elle brisa la pièce qui avait tiré contre les Français, et tua les principaux canonniers et d'autres soldats ; ce qui fit reculer l'ennemi pour un instant.

Les Italiens, dans l'espérance de diviser les forces de leurs adversaires, lancèrent un corps de troupes contre les bagages placés à la gauche de l'armée française. Mais on ne fit pas la faute d'affaiblir le corps de bataille pour aller les défendre, et le capitaine Audet, qui commandait l'escorte des bagages, malgré sa bravoure et son habileté, fut forcé de céder au nombre, et les bagages furent pillés.

Cependant les ennemis, qui s'imaginaient que les Français n'apportaient au combat qu'une impétuosité désordonnée, et qu'ils ne sauraient résister à l'attaque d'une masse serrée et compacte, formèrent une bande de leurs meilleurs hommes d'armes pour la lancer sur le corps de bataille, commandé par le Roi en personne. Ils espéraient l'écraser et peut-être faire le Roi prisonnier. Mais ils ne réussirent pas. Charles VIII, devinant leur mouvement, choisit dans son avant-garde, son corps de bataille et son arrière-garde un nombre suffisant des plus hardis soldats, commandés par leurs chefs respectifs, et les opposant à la bande des ennemis, il attendit le choc des Italiens. D'abord parurent les éclaireurs qui vinrent se jeter sur ce corps d'élite avec intrépidité. Ils furent reçus non moins courageusement, et de part et d'autre se donnèrent de grands coups. Puis le reste de la bande ennemie, qui s'était tenue à couvert sous un bois voisin, conduite par le marquis de Mantoue, sortit impétueusement de son embuscade pour enlever le Roi. Mais cette bande, qui était de 800 lances, vint donner sur le seigneur de la Trémoille et les 300 lances qu'il commandait. Les Français, immobiles, reçurent la terrible charge sans reculer d'un pas, de sorte que profitant du désordre causé dans les rangs des ennemis par le mouvement que ceux-ci firent pour reprendre du champ et venir les attaquer de nouveau, ils chargèrent à leur tour et rompirent la bande. La mêlée fut générale et l'acharnement égal de part et d'autre. Enfin, les Italiens furent défaits et presque tous tués, excepté ceux qui, se voyant perdus, prirent le parti de se servir de leurs éperons et de la vitesse de leurs chevaux plutôt que de leurs bras et de leurs lances. Ainsi la victoire resta au Roi, due surtout à la fermeté et à l'intrépidité de Louis de la Trémoille.

Le Roi, quelque temps après son retour en France, récompensa le seigneur de la Trémoille en lui donnant, par lettres du 9 novembre 1495, l'office de premier chambellan, à cause « des grands, vertueux et recommandables services qu'il nous a faits, dit le Monarque, durant la guerre de Bretagne, en la charge de notre lieutenant général tant avant que à la journée de Saint-Aubin, et après icelle; ce qu'il a encore montré par effet durant notre voyage de Naples, auquel il nous a toujours accompagné, bien et loyalement conseillé et servi, sans nous avoir abandonné, et spécialement au passage de Fornoue où nous étions en personne, auquel lieu et jour il nous donna entièrement à connaître l'expérience de ses faits, hardiesse et vertus de sa personne, laquelle audit jour il exposa pour notre service... » (1).

Peu de temps après, La Trémoille fut investi de la charge d'amiral de Guienne, devenue vacante par la mort de Mathieu de Bourbon. Cette charge conférait à celui qui en était revêtu le commandement de la marine de Guienne et des provinces voisines. La Trémoille voulut contribuer de ses deniers à l'accroissement des forces maritimes du royaume. Sa femme Gabrielle de Bourbon s'associa généreusement à sa libéralité. Ils firent construire à leurs frais un fort beau vaisseau nommé *la Gabrielle,* qui fut mis en mer bien équipé, pour le service du Roi et du royaume. La *Gabrielle,* commandée par un écuyer nommé Chiron,

(1) Archives de M. le duc de la Trémoille.

fit, dès sa première sortie, une prise sur les Anglais. Elle s'empara d'un gros navire marchand qui fut conduit aux Sables-d'Olonne (1).

(1) Archives de M. le duc de la Trémoille.

CHAPITRE V

Louis de la Trémoille et le Roi Louis XII. — L'hôtel de la Trémoille à Paris. — Expédition du Milanais. — Prise de Ludovic le More. — Lettre de La Trémoille au roi. — Joie de Louis XII. — Lettre de Gabrielle de Bourbon. — Soumission du Milanais. — Expédition de Louis XII à Naples. — La Trémoille se retire à Thouars. — Son vœu à saint Jacques de Compostelle.

Charles VIII étant mort sans enfants le 7 avril 1498, Louis de la Trémoille put craindre de ne plus trouver dans son successeur la confiance et l'affection dont il avait été honoré de la part du souverain. Ce successeur était Louis, duc d'Orléans, qu'il avait fait prisonnier dans la guerre de Bretagne. Mais Louis XII voulut lui-même rassurer ce fidèle serviteur de la couronne.

Il manda près de lui le seigneur de la Trémoille, le confirma dans toutes ses dignités et pensions, et le pria d'être aussi loyal envers lui qu'il avait été envers son prédécesseur. Et comme le seigneur de la Trémoille voulait s'excuser de ce qui s'était passé, le Roi lui dit « qu'il n'était mémoratif des jeunesses du duc d'Orléans » (1).

Louis de la Trémoille se dévoua tout entier au service du nouveau Roi. Celui-ci, de son côté, lui témoigna une confiance singulière, dont la première marque fut de le charger de négocier, auprès de Jeanne de France, fille de Louis XI, la rupture du mariage qu'il avait contracté avec elle, malgré lui, contraint par la volonté inflexible de ce roi. La Trémoille fit consentir la princesse à demander au Pape, de concert avec son époux, l'annulation de leur mariage.

---

(1) Telle est la réponse authentique de Louis XII, que les historiens ont arrangée. Nous la trouvons dans un recueil presque contemporain de notices historiques conservé dans les archives de M. le duc de la Trémoille.

Le Roi obtint un bref du pape Alexandre VI, nommant des juges pour décider la question. C'étaient le cardinal de Luxembourg, évêque du Mans, Louis d'Amboise, évêque d'Albi, et Ferrand, évêque de Lepta. Après une enquête minutieuse, le mariage fut déclaré nul par sentence rendue en 1499.

Le Pape confirma la sentence de ses commissaires. Louis XII, devenu libre, épousa Anne, duchesse de Bretagne, veuve de son prédécesseur Charles VIII. Il donna à Jeanne de France, pour soutenir son rang, le duché de Berry et une pension convenable. Elle se retira à Bourges, où elle mourut en 1505, en réputation de sainteté, confirmée après sa mort par de nombreux miracles.

En janvier 1499, lors du mariage de Louis XII avec Anne de Bretagne, Louis de la Trémoille donna aux époux royaux une fête magnifique dans l'hôtel qu'il avait fait construire à Paris.

Cet hôtel était situé au centre du quartier Sainte-Opportune, rue des Bourdonnais, et formait un fief relevant directement du Roi. C'était au xive siècle une vieille demeure féodale, que Philippe d'Orléans, deuxième fils de Philippe de Valois et frère puîné du roi Jean, avait vendue, vers 1365, à Guy VI de la Trémoille, bisaïeul de Louis II. Celui-ci la remplaça par une élégante construction, encore debout en février 1841, et encore ravissante malgré les mutilations qu'elle avait subies à différentes époques.

C'était un édifice offrant tous les caractères de la transition du style ogival au style de la Renaissance. L'architecte est resté inconnu. Peut-être était-ce un de ces artistes italiens qui, à cette époque, couvrirent leur pays de tant d'œuvres admirables de hardiesse et de grâce.

A l'exemple de Louis XII, qui avait demandé à l'Italie Fra Giovanni Giocondo, son architecte, et du cardinal Georges d'Amboise, qui en avait ramené Paul-Ponce Trebati, son sculpteur, Louis de la Trémoille avait pu ou confier à ces maîtres la reconstruction de son hôtel, ou découvrir lui-même, dans sa glorieuse expédition de 1494, un *maître maçon* italien capable d'élever un édifice digne du seigneur qui l'habitait.

Le plan de cette magnifique demeure, sa distribution, les détails de l'architecture, les ornements de la sculpture, en faisaient une des plus belles productions de l'art du xve siècle que renfermât la capitale de la France, rivalisant, si elle ne le surpassait, avec l'hôtel de Cluny, conservé et restauré de nos jours. Mais moins heureux, l'hôtel de la Trémoille, malgré le renom de ses maîtres, qui lui avait fait donner parmi le peuple le sobriquet d'*hôtel des Preux*, malgré son importance au point de vue de l'art, malgré les efforts inutiles tentés par le Comité historique des arts et monuments, est tombé sous la pioche des démolisseurs en 1841. De nombreux débris ont été sauvés, et sont aujourd'hui rangés dans la cour du palais des Beaux-Arts.

C'est tout ce qui reste de ce manoir si brillant et si riche en souvenirs historiques (1).

Après s'être occupé de sages réformes dans l'administration du royaume, Louis XII se tourna comme son prédécesseur vers l'Italie.

Avant de chercher à reprendre le royaume de Naples, perdu deux mois après la conquête de Charles VIII, il voulut recouvrer le duché de Milan, usurpé par Ludovic Sforza ou Sforce, surnommé le More. Ce duché appartenait au Roi, comme descendant de Valentine, fille de Philippe Visconti, duc de Milan, dépossédé par les Sforza. Valentine avait épousé Louis, duc d'Orléans, tué à Paris en 1407, par Jean sans peur, duc de Bourgogne, et Louis XII était son petit-fils.

Ce prince envoya à Milan une grosse armée sous le commandement de d'Aubigny et de Jean-Jacques Trivulce A l'approche des

---

(1) Voyez *Revue archéol.*, t. V. Notice sur l'hôtel de la Trémoille, par M. Troche.

Français, Ludovic Sforce s'enfuit de Milan et se retira près du roi des Romains, Maximilien. Le Milanais fut conquis en vingt jours et Louis XII fit son entrée dans la capitale en octobre 1499.

Ce rapide succès ouvrit au Roi plusieurs autres villes d'Italie, entre autres celle de Gênes, dont le gouvernement fut donné à Philippe de Ravestein.

Louis XII ne jugeant plus sa présence nécessaire dans le pays qu'il venait de conquérir, laissa à Milan une partie de ses troupes sous le commandement de Jean-Jacques Trivulce, et revint en France avec le reste.

A peine le Roi était-il retourné en France, que Ludovic Sforce, à la tête de 30,000 Allemands et Suisses, aidé par les partisans qu'il avait conservés dans la ville, reprit Milan et en chassa les Français (février 1500). Louis XII y renvoya son armée sous les ordres des mêmes généraux, d'Aubigny et Jean-Jacques Trivulce. Mais comme ils ne s'accordaient pas ensemble, le Roi, comptant sur les talents de la Trémoille, le nomma son lieutenant général et lui donna le commandement suprême de son armée.

Ludovic, à la nouvelle de l'approche des Français, sortit de Milan et vint les attendre à Novare à la tête de ses forces, qui se composaient de 4,000 Suisses, 8,000 lansquenets, 800 cavaliers de la Franche-Comté et 7,000 Italiens. L'armée royale comptait aussi dans ses rangs un contingent de 10,000 Suisses. La Trémoille profita de cette circonstance pour essayer de détacher de Ludovic les Suisses qui le suivaient, par l'intermédiaire de leurs compatriotes. Il y réussit ; les Bourguignons de la Franche-Comté, soumise à l'Empereur, et les lansquenets imitèrent l'exemple des Suisses, de sorte que le malheureux Sforce, abandonné de la plus grande partie de ses troupes, n'eut d'autre ressource que de prier les Suisses qui se retiraient de le laisser partir avec eux. C'est ce qu'il s'efforça de faire sous l'habit d'un cordelier, et il sortit de Novare avec les Suisses. Mais son stratagème ne réussit pas à le sauver. Car quoique les Suisses, qui avaient fait un accord avec Louis de la Trémoille, affirmassent que Ludovic Sforce s'était évadé, le général français n'ayant pas une confiance entière en leur parole les obligea à se soumettre, avec tous ceux qui accompagnaient leur troupe, à une sorte de perquisition usitée à cette époque. On plantait en terre deux piques assez rapprochées pour ne laisser de passage qu'à un homme; une troisième pique était placée en travers sur les deux autres. Les hommes placés en une longue file s'avançaient entre deux rangs de soldats, et passaient un à un sous la pique. On avait ainsi le temps de les examiner et de les reconnaître. C'est ce qui arriva pour Ludovic le More. Malgré son déguisement, il fut reconnu et fait prisonnier.

La Trémoille écrivit au Roi le 9 avril, pour lui annoncer cette heureuse capture. Voici les principaux passages de sa lettre :

« .....Nous vînmes, à belles enseignes déployées, à un mille et demi de cette ville de Novare, sans que jamais homme vînt au-devant de nous ;... et fut avisé que irions prendre une abbaye qu'ils tenaient, et qui est du côté des faubourgs de Milan, et que nous la prendrions ou qu'ils nous combattraient, et ce jour il y eut de grosses escarmouches tant d'un côté que de l'autre. Sire, le lendemain au matin nous montâmes à cheval, en délibération de prendre l'abbaye, et combattre l'ennemi s'il voulait venir la défendre, et nous n'avions pas chevauché deux jets d'eau, que toute l'armée ennemie sortit à pied et à cheval, avec toute son artillerie, et ils vinrent se mettre en belle et grosse bataille devant nous, et nous devant eux, et marchâmes les uns contre les autres en aussi bel ordre et en aussi bonne volonté de combattre que je vis jamais gens marcher... Et ils étaient, tant lansquenetz, que Suisses, de treize à quatorze mille, et de Lombards de quatre à cinq mille, et d'hommes d'armes de Bourguignons et Lombards, environ trois mille chevaux.

« Ils furent repoussés si lourdement en la ville qu'ils s'affolaient l'un l'autre en y entrant. Et s'ils eussent eu aussi bonne volonté ce jour-là comme je crois que avaient les vôtres, je vous assure que c'eût été la plus cruelle bataille qui fut depuis cent ans, et vous assure, Sire, que vous êtes obligé aux capitaines, gens de bien et gens d'armes qui sont ici, car ils avaient bonne volonté ce jour-là de vous faire service.

« Sire, nous conclûmes avec les Suisses une convention. Nous devions les laisser aller, leurs bagages saufs, sous cette condition que, si nous trouvions le More avec eux, nous le prendrions, ce qui fut accordé. Nous fûmes bientôt avertis qu'ils ne voulaient point observer la convention, mais qu'ils voulaient emmener ledit More avec eux. Sur quoi, Sire, il n'y avait personne des nôtres qui ne fît le meilleur guet qu'il pût pour voir s'il ne s'en irait en habit dissimulé...

Nous montâmes à cheval une heure devant le jour et nous mîmes en belle bataille en notre camp, décidés s'ils voulaient enlever le More par force, de les en empêcher... Lors ils commencèrent à marcher droit à Milan. M. d'Allègre et ceux que j'avais envoyés les commencèrent à harceler, l'un d'un côté et l'autre de l'autre ; et à cette heure-là nous fûmes avertis comme ils s'en allaient, et nous commençâmes à marcher contre eux, de telle sorte que sans vos Suisses qui nous mandèrent qu'ils ne voulaient point que l'on tuât leurs compatriotes et qu'ils les obligeraient à rendre le More s'ils l'avaient, il me semble que nous les eussions défaits ; ils étaient onze ou douze mille hommes. Mais il nous suffisait de trouver le More si nous pouvions, et nous fûmes près de trois heures à le chercher. Ils furent tous contraints de passer un à un sous une pique, et par ce moyen il fut trouvé, et c'est la plus belle prise que vous sauriez avoir... Vous avez tout ce que vous demandez, et en êtes bien obligé envers Dieu, car il y a cent ans que ne fut faite une chose plus avantageuse ni plus honorable pour vous... » (1).

La nouvelle de cette capture fut immédiatement portée par la poste au Roi de France qui était alors à Lyon. Il fut rempli de joie, et, pour faire partager son contentement à la Reine, il alla la trouver dans sa chambre et lui dit : « Madame, croiriez-vous bien que M de la Trémoille a pris Ludovic Sforce ? » Elle répondit qu'elle ne le croyait pas ; car elle gardait encore sur le cœur le ressentiment de la victoire que ce seigneur avait remportée contre le duc de Bretagne son père. Le Roi répliqua : « C'est une chose certaine, et je vous assure que jamais Roi de France n'eut un plus loyal et meilleur serviteur, ni plus heureux en ses entreprises... Et si je ne meurs bientôt, ajouta-t-il, je le récompenserai de telle sorte que les autres capitaines auront la volonté

---

(1) Arch. de M. le duc de la Trémoille.

de me bien servir. » La Reine voyant l'affection du Roi envers le seigneur de la Trémoille, ne dit plus rien contre lui, mais au contraire commença à fort exalter les services de ce seigneur.

Louis XII écrivit de sa main le 13 avril « à mon cousin le seigneur de la Trémoille, mon lieutenant au delà des monts (1). Mon cousin, j'ai reçu la lettre que vous m'avez écrite, par laquelle vous m'avez fait savoir bien au long la manière de la prise du sieur Ludovic, de laquelle et du bon et si grand service que m'y avez fait, je vous remercie de bon cœur, et vous assure que je le reconnaîtrai envers vous de telle sorte que vous aurez sujet d'en être satisfait... Avant la réception de votre lettre, Guyer, que vous m'avez envoyé, était arrivé le matin avant mon lever et m'avait dit la prise dudit Ludovic, mais non pas si au clair que vous me l'avez écrit. Faites, je vous prie, que in-

(1) Archives de M. le duc de la Trémoille.

continent le sieur Ludovic me soit amené, et qu'il parte avec 200 hommes d'armes qui le mèneront jusqu'à Suze, et là, on trouvera M. de Crussol avec ses archers pour l'amener jusqu'ici sous bonne garde. Et soyez assuré que ce faisant vous me ferez le plus grand plaisir du monde; car je ne serai jamais à mon aise que je ne le voie par deçà. »

Louis de la Trémoille ne manqua pas de faire savoir aussi cette importante nouvelle à Gabrielle de Bourbon, sa femme. Voici la lettre par laquelle celle-ci lui répondit dans l'expansion de sa joie. Elle nous a paru si touchante que nous la reproduisons ici tout entière :

« Monseigneur mon ami, je ne sais comment je dois assez rendre grâce à Dieu et à sa benoîte Mère, de la belle et honorable victoire qu'il vous a donnée. Hélas! mon mignon, mon ami, je vous assure que je crois que Notre-Dame ne fut plus remplie de joie le jour de dimanche (1) que je le fus sa-

(1) C'était le jour de Pâques.

medi, quand je vis, par les lettres de Monsieur le maréchal à Monsieur d'Alby, que vous étiez en très bon état de votre personne, et que, à votre très grand honneur, la guerre était finie. Et, loué soit Dieu! Monseigneur mon ami, vous êtes le plus heureux gentilhomme de France et moi la plus heureuse femme, lorsque j'aurai le bonheur de vous bientôt revoir. Je suis sûre, Monseigneur mon ami, que vous reconnaissez bien Celui de qui tout vient et lui en rendez la louange, comme c'est raison. Et de mon côté, je ne m'en saurai jamais assez acquitter; toutefois, je mettrai bonne peine d'y faire mon devoir.

« Je vous requiers, mon ami, que je sache de vos nouvelles et bien au long et à la vérité. Des nôtres, tout se porte bien, Dieu merci, et votre fils ne fut jamais si gentil compagnon qu'il est. Je ferai fin; car je sais bien que longue lettre vous serait ennuyeuse pour cette heure, dans l'occupation que vous avez. Je me recommande très humblement à votre bonne grâce et loyale souvenance... Écrit par celle qui tant vous aime, c'est votre très humble et très obéissante mignonne,

« Gabrielle de Bourbon. »

« Mon ami, j'ai vu une lettre qu'il vous a plu de m'écrire, de quoi je vous remercie. Aussi fais-je de ce qu'il vous plaît de dire que vous ferez ce que je voudrai, et que je n'aie aucun souci. Je ne me soucie que de votre retour, que Dieu veuille faire prompt » (1).

Le prise de Ludovic le More et la dispersion de son armée effrayèrent les Milanais. Ils envoyèrent à La Trémoille les clefs de la ville et demandèrent à entrer en composition « pour leur forfaiture ». Le conseil des capitaines français fut assemblé sous la présidence du cardinal d'Amboise, premier ministre du Roi. On y délibéra sur la conduite à tenir envers les Milanais. Quelques-uns

---

(1) L'original autographe se trouve dans les archives de M. le duc de la Trémoille.

furent d'avis qu'on abandonnât la ville au pillage et qu'on mît à mort tous les hommes valides au-dessus de quinze ans, comme rebelles et traîtres envers leur légitime souverain. La Trémoille fut d'opinion contraire, et démontra que dans un pays dont l'attachement au Roi était peu profond, le meilleur moyen de lui faire prendre racine était d'user de clémence.

Le conseil se rangea à l'avis de la Trémoille, et le jour du Vendredi saint, 17 avril 1500, sept jours après la prise de Ludovic, les Milanais furent admis à faire amende honorable au Roi, représenté par le cardinal d'Amboise. Ils obtinrent leur pardon et eurent la vie et les biens saufs, moyennant une rançon de 300,000 livres.

Le cardinal Ascanio, frère de Ludovic, qui avait pu s'échapper de Milan avec 100,000 ducats et des joyaux précieux, était tombé dans les mains d'un capitaine vénitien. La Trémoille envoya à Venise pour demander qu'on livrât au Roi de France le cardinal et tous ses trésors, ainsi que l'épée royale du grand écuyer de France, prise à la journée de Fornoue dans les bagages de l'armée. Les Vénitiens s'exécutèrent de bonne grâce. La Trémoille fit mener le cardinal à Lyon, où déjà se trouvait son frère. Celui-ci fut ensuite conduit au château de Loches, où il demeura prisonnier jusqu'à sa mort.

Louis XII, maître du Milanais, entreprit de reprendre le royaume de Naples. Il y réussit au mois d'août 1501. Mais sa conquête lui fut disputée par Ferdinand, roi d'Aragon, époux d'Isabelle la Catholique, reine de Castille, dont l'armée était commandée par le grand capitaine Gonzalve de Cordoue. L'armée du Roi, sous la conduite du duc de Nemours, Louis d'Armagnac, après avoir remporté quelques succès, éprouva une suite de revers qui se termina par la bataille de Cérignole (28 avril 1503), où les Français furent vaincus, plutôt par l'épuisement provenant du manque de vivres et de fourrages que par la supériorité de l'ennemi. Il fallut céder, et les débris de l'armée regagnèrent la France.

Naples était perdue une seconde fois; mais le roi Louis XII ne renonça pas à la recouvrer. Il envoya, quelques mois après, une puissante armée en Italie sous le commandement de La Trémoille, qu'il fit son lieutenant général. Cette armée passa les monts et s'avança jusqu'à Parme; mais, dans cette ville, la maladie vint surprendre le général. Malgré son ardeur, il fut contraint de s'arrêter; les médecins mandèrent même au Roi qu'ils désespéraient de sa vie. Cette nouvelle fâcheuse décida ce prince, en présence de l'incapacité des chefs qui remplaçaient La Trémoille, à donner l'ordre à toute l'armée de revenir. Le malheureux lieutenant général, à peine remis sur pied, ramena à son grand regret son armée en France. Le royaume de Naples était complètement abandonné aux Espagnols (1504).

Louis de la Trémoille obtint d'aller passer le temps de sa convalescence à Thouars, pour y jouir d'un repos qu'il avait bien mérité, auprès de sa femme et de son fils, le jeune prince de Talmond.

Mentionnons ici un fait assez curieux. Louis de la Trémoille fit un vœu, nous ne savons pour obtenir quelle grâce, à Saint Jacques de Compostelle en Galice, vers le commencement de 1504. Il promit d'y envoyer à ses frais *un homme sûr et dévotieux,* chargé d'y faire célébrer une messe chantée devant l'autel du saint, de présenter à l'offerte un cierge de cire pesant cent livres, et de faire dire trois messes basses à son intention. Le pèlerinage eut lieu : un prêtre, nommé Guillaume Bouleau, l'accomplit au nom de son seigneur, et reçut cinquante-deux livres dix sols tournois pour sa dépense (1).

(1) Chartrier de Thouars.

CHAPITRE VI

Gabrielle de Bourbon et son fils le prince de Talmond. — Administration de Gabrielle de Bourbon. — Construction de l'église du château de Thouars. — Ludovic le More écrit à La Trémoille.— La Trémoille gouverneur de Bourgogne. — Expédition contre Gênes. — Mort de Jean de la Trémoille, cardinal, archevêque d'Auch.

Nous avons déjà parlé de la naissance du fils de La Trémoille, nommé Charles, du nom de son parrain, le roi Charles VIII. Gabrielle de Bourbon s'occupait avec soin de son éducation. C'était une femme de haute vertu et de grand sens, plus lettrée que le commun des dames de son siècle. Son temps se partageait entre les exercices de piété, l'administration de ses domaines, dont son mari, presque toujours absent, lui avait confié le soin, l'étude et les travaux de son sexe. De mœurs austères, elle maintenait tous ceux qui l'entouraient dans la pratique de la religion et de leurs devoirs. Grave et digne dans les circonstances qui le requéraient, elle se montrait toujours affable et gracieuse en particulier. Elle était libérale, magnifique même dans la tenue de sa maison; ses tapisseries, sa vaisselle d'or et d'argent, ses bijoux, montraient qu'elle savait tenir le rang qui convenait à sa naissance et à la haute situation de son mari. Ses jardins renfermaient d'immenses cages où étaient élevés des faisans, perdrix, tourterelles et autres oiseaux. Elle choisissait pour les services de sa maison et de sa personne des gentilshommes et des demoiselles de bonne condition. Retirée pendant une grande partie de ses journées au milieu du cercle de ses dames, ou elle s'occupait avec elles de broderies et autres menus ouvrages, ou elle se faisait lire un des livres de sa nombreuse bibliothèque, sur quelque sujet d'histoire, de morale ou de doctrine. Elle employait une partie du jour à composer de petits traités en l'honneur de Dieu et pour l'instruction des siens. L'inventaire fait après sa mort mentionne six opuscules composés par elle. Jean Bouchet en désigne quatre seulement :

« Contemplation sur la nativité et passion de notre Seigneur Jésus-Christ ;

« Le Château du Saint-Esprit ;

« L'Instruction des jeunes filles ;

« Le Viateur. »

« Qui sont, dit-il, livres si bien composés, qu'on les estimerait être plutôt ouvrages de gens savants et lettrés que composition de femme. » Elle ne montrait pourtant à cet égard ni prétention ni présomption. Car elle faisait toujours revoir et examiner ses compositions par des gens de grand savoir ; « Comme je le sais, ajoute Bouchet, parce que de sa grâce elle me baillait la charge de les faire corriger » (1).

(1) Nous avons un reçu de trois livres seize sols,

Gabrielle de Bourbon, en mère lettrée, ne négligeait pas l'instruction de son fils. Elle lui avait appris à aimer les livres. Charles avait profité de ses leçons, et il était, au dire de Jean Bouchet, « grand historien et composait élégamment des épîtres et des rondeaux. » Il ne délaissait pas pour cela les exercices corporels propres à le former au métier des armes, et son père, qui redoutait aussi pour son fils l'embonpoint du seigneur de Craon, comme on a vu qu'il l'avait redouté pour lui-même, avait prescrit qu'il se livrât à des jeux et à des exercices pénibles et fatigants.

Le jeune prince de Talmond, à peine adolescent, jouissait d'une pension de dix livres par mois (environ 400 francs de notre monnaie actuelle), comme le constate un reçu signé de lui, du 2 avril 1497; il avait alors environ 12 ans. Le 7 avril 1501, dans sa 17ᵉ année, il épousa Louise de Coétivy, com-

payées à Jean Bouchet « pour les livres de Madame, qu'il a fait relier et enluminer ». 19 avril 1512. (Archives de M. le duc de la Trémoille.)

tesse de Taillebourg, baronne de Royan, princesse de Mortagne-sur-Gironde, fille unique et héritière de Charles de Coétivy, comte de Taillebourg, et de Jeanne d'Angoulême, tante paternelle du roi François Ier. Ainsi, les domaines considérables de la maison de La Trémoille, situés dans le Bas-Poitou, s'accrurent de nombreuses terres dans la Saintonge et dans l'Aunis. De cette union naquit, en 1502, un fils, François de la Trémoille, seul rejeton de la famille, sur lequel reposa, après la mort prématurée du prince de Talmond, son père, la continuation de la lignée.

La dame de la Trémoille, souvent privée de son mari, était néanmoins trop fière de ses succès pour se plaindre de son absence. Elle surveillait ses vastes domaines, dirigeait ses intendants et examinait les comptes de ses receveurs. Plusieurs centaines de lettres, ordonnances et quittances écrites ou signées de sa main, existant encore dans les restes du chartrier de Thouars, attestent sa vigilance et son activité. Nous ne citerons que quelques passages de ces lettres qui témoignent de sa bienveillance envers ses serviteurs.

Le 18 novembre 1498, elle écrit au receveur de Sully : « Donnez à Gabrielle Lamaure deux setiers de seigle, pour l'aider à vivre ;... au métayer de la Caille, deux muids de seigle, que nous lui avons donnés par pitié et aumône, à cause de la grêle qui a eu lieu cette année. Des 36 pipes de vin qui sont demeurées au château, vous en donnerez deux au charpentier qui a fait la charpente de la grosse tour de Sully ; un poinçon au portier dudit lieu, pour le récompenser de ce qu'il a fait les jardins et la treille dont nous avons eu sept poinçons de verjus ; un poinçon au tapissier Augustin.... En outre, donnez à Gratien Blondeau une pipe de vin que nous lui avons ordonnée pour prix de son travail dans nos jardins... »

Elle écrit le 22 juin 1510 au receveur de La Trémoille qui craignait, à cause de son âge, de ne plus convenir à ses fonctions : « Touchant ce que dites qu'on se pourvoie d'un autre receveur, et que ne pourriez plus servir à cause de votre vieillesse, il ne faut pas que vous disiez cela. Car pour ce que vous avez longtemps et bien servi, l'on ne vous voudrait pas changer, et êtes bien encore pour servir... »

Une autre de ses lettres nous donne des détails curieux sur l'usage des nattes dans les appartements en hiver, qui avait succédé à la jonchée de paille employée au XIIIe et au XIVe siècle. Elle écrit au receveur de Sully, le 17 octobre 1498, quelques jours avant de se rendre à cette demeure : « Regardez qu'il faut accoutrer les chambres du château... Faites faire bonne provision de bois. Nous écrivons au lieutenant de l'Ile-Bouchard qu'il envoie à Gien savoir s'il n'y a point d'ouvrier pour natter les chambres. Et, s'il y en a, faites natter la place de la chambre où nous couchons, et le côté du chevet du lit... Faites aussi natter la chambre où couchait Chazerac, et qu'elle soit nattée la première, car Charles (son fils) y sera logé » (1).

Le seigneur de la Trémoille, venu à Thouars pour rétablir sa santé au milieu des siens, dut y prolonger son séjour pendant quelques semaines. C'était un repos légitimement acquis après les fatigues de plusieurs guerres successives. Ce fut pendant ce séjour que fut arrêté le projet de construction de la magnifique église de Notre-Dame du château de Thouars, que le seigneur et la dame de la Trémoille firent élever près de l'enceinte de la vieille forteresse qu'a remplacée depuis le splendide édifice élevé au XVIIe siècle (2) par la duchesse de la Trémoille, Marie de la Tour.

L'église de Notre-Dame de Thouars était près d'être achevée en 1508, comme nous le

---

(1) Archives du duc de la Trémoille.
(2) Ce château de Thouars, vaste et belle construction du XVIIe siècle, confisqué lors de la première Révolution, aurait été racheté par M. le duc de la Trémoille, si l'administration n'eût préféré en faire une maison de force ou prison centrale.

Église de Notre-Dame de Thouars.

montre un mandement donné le 26 novembre de cette année, par Gabrielle de Bourbon, pour payer cent trente livres « aux recouvreurs d'ardoise demeurant à Angers », qui leur sont avancées pour faire apporter l'ardoise nécessaire à la couverture de l'édifice.

Cette église était destinée à renfermer la sépulture des membres de la famille et à servir de paroisse au château.

Elle fut érigée en collégiale et dotée de privilèges particuliers par les Papes. C'est un magnifique monument de l'architecture de transition du commencement du XVIe siècle. Dévastée et mutilée à l'époque de la Révolution, l'église de Notre-Dame du château vient d'être restaurée à grands frais, dans son état primitif, par les soins pieux du descendant de Louis II, le duc actuel, Louis IV de la Trémoille.

Ce fut probablement pendant son séjour à Thouars que Louis de la Trémoille reçut de son prisonnier Ludovic Sforce ou le More, alors enfermé dans le château de

Loches, une lettre dans laquelle celui-ci suppliait son vainqueur de s'entremettre auprès du Roi en sa faveur. Le chroniqueur a rimé la lettre de Ludovic ainsi que la réponse de La Trémoille. Nous nous contenterons d'en donner ici la substance.

Le prisonnier fait un tableau de son malheureux sort. De chef d'un puissant duché, il est devenu le sujet d'un geôlier de prison. Il s'adresse à son vainqueur, assez généreux et assez puissant pour demander au Roi sa liberté. D'ailleurs cette liberté lui a été ravie injustement. Son droit sur le duché de Milan est incontestable. Il a hérité de ses pères, qui pendant plus de cinquante ans ont occupé paisiblement et glorieusement leur trône ducal. Les Empereurs ont reconnu et soutenu leur droit; les Papes les y ont confirmés. Si ces autorités ne suffisent pas, Charles d'Orléans, le père du Roi de France, a vendu à Galéas Sforce, aïeul de Ludovic, toutes ses prétentions sur l'héritage des Visconti, pour la somme de

200,000 ducats. Le Roi réclame donc injustement un droit que son père a cédé. Ludovic espère que la Trémoille comprendra la valeur de ses raisons et qu'il plaidera sa cause auprès du Roi.

La Trémoille lui répond qu'il voudrait, s'il était possible, adoucir la rigueur de son sort, mais qu'il ne peut se charger d'appuyer auprès du Roi une demande qui lui paraît contraire au droit et à la justice. Le Roi est l'héritier de Valentine Visconti, à laquelle appartenait légitimement le duché usurpé contre le droit par les Sforza. Leur possession paisible, la reconnaissance des Empereurs et des Papes ne peuvent détruire le droit, ni en légitimer la violation. D'ailleurs Ludovic n'est pas l'héritier des Sforza, il n'est devenu duc de Milan qu'en faisant mourir par le poison son neveu Jean-Marie-Galéas, et qu'en usurpant son autorité. Quant à la prétendue cession de ses droits sur le Milanais par Charles d'Orléans, la misérable somme de 200,000 ducats qui n'équivaut pas même au revenu d'une année du duché, n'a été donnée par Galéas Sforza que pour se rendre favorable un adversaire, et pour prévenir des réclamations qu'il redoutait. Mais jamais les descendants de Valentine Visconti n'ont cédé ni entendu céder les droits qu'ils tiennent d'elle.

La Trémoille veut bien demander pour lui au Roi un traitement plus doux ; mais pour sa liberté et surtout pour la reconnaissance de son droit, il croirait trahir son prince que de lui adresser une pareille demande.

Le prisonnier dut se contenter de ce que lui accordait La Trémoille. Des ordres furent donnés pour adoucir sa position. Mais il resta enfermé à Loches, où il mourut en 1510.

Louis de la Trémoille, rétabli de sa maladie, revint prendre sa place à la cour.

Le gouvernement de Bourgogne étant devenu vacant par la mort de Gilbert de Clèves, comte de Nevers, le Roi nomma La Trémoille gouverneur de cette belle province par lettre du mois de mai 1506. Il fit son entrée solennelle à Dijon, aux acclamations du peuple qui était tout fier d'avoir pour gouverneur un si glorieux capitaine. Il visita ensuite toute la province, portant son attention sur les places fortes qu'il mit partout en état de défense. Il s'occupa surtout de la fortification de Dijon, capitale de la province. Une tour, construite à ses frais, porta le nom de Tour de la Trémoille. Louis conserva le gouvernement de la Bourgogne jusqu'à sa mort. Louis XII le nomma bientôt après amiral de Bretagne, bien qu'il fût déjà amiral de Guienne ; et de même que La Trémoille avait déjà, en prenant possession de l'amirauté de cette dernière province, fait construire un fort beau navire, nommé *la Gabrielle* du nom de son épouse, il en fit faire alors un second qui rendit de grands services au royaume dans les guerres de mer. Il choisit pour son vice-amiral le fidèle Regnaud de Moussy, son confident et le gouverneur de son fils. A cette époque, La Trémoille recevait du Roi, comme gouverneur de Bourgogne, 10,000 livres; comme amiral de Guienne, 4,000 livres; plus une pension de 3,000 livres, et 1250 livres pour l'entretien de son navire (1).

Moins de deux ans après que La Trémoille avait été nommé gouverneur de Bourgogne, le Roi eut de nouveau recours à ses talents militaires pour une expédition qu'il allait entreprendre.

La ville de Gênes, qui s'était donnée à la France au moment de la guerre du Milanais, s'était révoltée, en 1507, et avait proclamé l'Empereur comme seigneur de la République. Cette révolte avait été excitée par un teinturier nommé Paul de Novis, homme entreprenant, qui détestait les Français.

Louis XII, accompagné de La Trémoille, marcha en personne contre les rebelles, les vainquit en deux rencontres et soumit la ville à son obéissance. L'instigateur de la rébellion fut puni du dernier supplice.

(1) Chartrier de Thouars.

De Gênes, le Roi se rendit à Milan avec La Trémoille. Celui-ci y reçut la visite d'un de ses frères, Jean, archevêque d'Auch et évêque de Poitiers. Ce prélat se rendait à Rome pour remercier le Pape qui venait de le nommer cardinal. Pendant son séjour à Milan, il fut attaqué d'une fièvre dont il mourut, au grand regret de son frère et de son neveu, le prince de Talmond. Son cœur fut laissé à l'église des Frères mineurs de Milan, et son corps apporté à Thouars, où il fut enseveli dans l'église de Notre-Dame (1). Voici l'épitaphe que lui rima Jean Bouchet :

> Cy dessoubs gît un très noble archevesque
> Du pays d'Auch, lequel fut cardinal
> Apostolique et de Poitiers évesque,
> Digne d'avoir le bâton pastoral.
> Ce fut un prêtre aux pauvres libéral,
> Chaste, dévot, riche et droit sans méprendre.
> Lorsqu'il alloit à Rome grâces rendre
> Au Père Saint, ce prélat nommé Jean
> De la Trémoille, en fleur d'âge surprendre
> Le vint la mort, non obstant son défendre,
> L'an mil cinq cent et sept dedans Milan

(1) Il sera parlé plus loin de son tombeau.

CHAPITRE VII

Guerre contre les Vénitiens. — Bataille d'Agnadel. — Ligue des princes italiens contre le Roi. — Seconde expédition du Milanais. — Défaite de Novare.

L'année suivante fut conclue la ligue de Cambray (décembre 1508), par Georges d'Amboise, archevêque de Rouen, cardinal et légat en France, entre le Pape Jules II, l'Empereur Maximilien, le roi de France et le roi d'Espagne, contre Venise. En vertu de cette ligue, tous les princes devaient contraindre les Vénitiens à rendre les places et seigneuries qu'ils avaient usurpées. Louis XII, plus intéressé que les autres au recouvrement des villes du duché de Milan, demanda aussitôt la restitution de Brescia,

Bergame, Crémone et autres places qu'ils occupaient. Les Vénitiens refusèrent. Le Roi leva une armée, qui passa les monts sous sa conduite, avec Louis de la Trémoille pour lieutenant général. De leur côté, les Vénitiens avaient réuni une armée nombreuse, composée de 1,600 hommes d'armes, 9,500 chevau-légers, et 22,000 hommes de pied. Elle était munie d'une puissante artillerie, et commandée par les meilleurs capitaines qui fussent alors en Italie, sous les ordres de Barthélemy d'Alviane.

Louis XII ne rencontra de résistance qu'au château du Breuil, dont il s'empara ; il s'avança ensuite à la rencontre de l'ennemi, qu'il trouva campé dans un lieu avantageux, à Agnadel, sur les bords de l'Adda. Le Roi avait donné la conduite de son avant-garde au sieur de Chaumont, alors gouverneur de Milan, avec 800 hommes d'armes, 10,000 hommes de pied et l'artillerie. Il retint pour lui le centre avec 1,000 hommes d'armes et

1,000 hommes de pied. Le duc de Bourbon, qui commandait la noblesse, avait beaucoup de grands seigneurs en sa compagnie.

Quand les deux armées se furent approchées, le seigneur de Chaumont fit avancer son avant-garde contre les Vénitiens. Le choc fut si rude, que notre armée recula. Le duc de Bourbon, à la tête de la noblesse, chargea les Vénitiens avec tant de furie qu'il les rompit et décida du gain de la bataille. Elle fut donc remportée par les Français. L'armée vénitienne perdit plus de 15,000 hommes, tués ou blessés. Le général en chef, Barthélemy d'Alviane, fut fait prisonnier. Le Roi ne perdit que quelques centaines d'hommes. Les débris de l'armée vénitienne parvinrent à s'échapper sous la conduite du comte de Petigliano, qui vint annoncer au Sénat de Venise cette défaite. On voulut à peine le croire ; mais l'arrivée des restes d'une si puissante armée vint confirmer la grandeur du désastre et la supériorité des armes de la France. La Trémoille se couvrit de gloire dans cette bataille. Il était accompagné de son fils Charles, prince de Talmond, qui se montra digne de son père. Le résultat de la journée d'Agnadel fut le retour au Roi des places qu'il réclamait comme appartenant au duché de Milan. Ses alliés obtinrent des avantages pareils et rentrèrent dans la possession des villes dont Venise s'était emparée.

Les confédérés de Cambrai, satisfaits du succès de leurs plans, se crurent dégagés de leurs obligations envers le Roi de France. Ils le voyaient d'ailleurs avec peine occuper en Italie un territoire aussi important que le duché de Milan. Le cardinal d'Amboise, l'auteur du traité de Cambrai, venait de mourir. On eût dit que le Pape attendait la mort de cet habile et sage ministre pour rompre le traité. Il fit alliance avec Venise, et s'unit secrètement avec le roi d'Espagne. Louis XII, courroucé de la conduite du Pape, auquel il venait de faire restituer Bologne, eut recours à un moyen violent, vengeance indigne du Roi très-chrétien. Il résolut de faire déposer Jules II ; et, pour cet effet, il assembla à Tours des évêques et des docteurs, qui décidèrent qu'un concile général serait convoqué à Pise. A l'époque indiquée, il ne s'y trouva qu'un petit nombre d'évêques et seulement cinq cardinaux ; l'assemblée fut bientôt transférée à Lyon et se sépara sans aucune conclusion.

Cependant, les Vénitiens et les Suisses, gagnés par Jules II, attaquèrent le Milanais. Le Roi, espérant détacher ces derniers du parti de ses ennemis, envoya en Suisse Louis de la Trémoille. C'était s'exposer que de se charger de cette mission ; car peu s'en fallut que les Suisses ne retinssent l'ambassadeur comme otage pour le paiement des sommes d'argent qu'ils réclamaient du Roi, à cause de la prise de Ludovic Sforce, à laquelle ils avaient contribué. Mais La Trémoille se conduisit avec tant d'habileté, que non seulement il apaisa leurs instances, mais même réussit à enrôler plusieurs cantons au service du Roi, et quitta la Suisse ayant gagné l'affection des habitants.

A son retour en France, La Trémoille apprit que son fils, le prince de Talmond, impatient de rester dans l'inaction pendant qu'on se battait en Italie, avait suivi Gaston de Foix, duc de Nemours, qui, sans l'ordre et à l'insu du Roi, venait de partir pour Milan. Il feignit d'être irrité de ce départ subit et non autorisé ; mais, pardonnant une démarche inspirée par les plus nobles sentiments, il envoya à son fils tout ce qui lui était nécessaire pour tenir campagne. Le jeune prince de Talmond se distingua par sa bravoure, et, au bout de quelque temps, revint en France, laissant à Milan son chef, Gaston de Foix, dont le Roi appréciait tellement les qualités qu'il le nomma gouverneur du Milanais.

Ce jeune et brillant capitaine, après plusieurs faits d'armes remarquables, attaqua, le jour de Pâques, 11 avril 1512, l'armée du Pape et de l'Espagne devant Ravenne.

La bataille fut rude ; la victoire resta aux Français. Mais le général, emporté par son ardeur à la poursuite des vaincus, fut tué au milieu de son triomphe.

Le Roi fut sollicité par Jean-Jacques Trivulce de reconquérir le Milanais, où ce dernier avait des intelligences. Le Roi leva une armée dont il donna le commandement à La Trémoille ; le duc d'Albanie était capitaine des gens de pied. L'artillerie était confiée à la Fayette, et avec l'artillerie il y avait 500 arquebuses à crochet. Malheureusement, on ne donna pas à La Trémoille plus de 6,000 hommes de pied et 500 hommes d'armes en lui promettant 500 autres hommes d'armes et 4,000 lansquenets.

La Trémoille, revêtu du titre de lieutenant général du Roi, partit accompagné du duc d'Albanie, de Jean-Jacques Trivulce, du seigneur de Bussy, du marquis de Saluces, de René d'Anjou, seigneur de Mézières, son neveu, etc. Le début de la campagne fut heureux. Alexandrie, Vissures et

Pavie furent prises, et Milan commençait à parlementer pour se rendre.

Maximilien Sforce s'était enfermé dans Novare. La Trémoille, averti du nombre considérable des défenseurs de cette place, écrivit au Roi de lui envoyer en hâte le secours qu'il lui avait promis. Mais le royaume était assailli en Picardie par les Anglais et les Flamands, et en Navarre par les Espagnols, qui s'étaient déjà emparés de Pampelune. Il était impossible au Roi d'envoyer des troupes en Italie. Il répondit à La Trémoille qu'avec sa petite armée il pouvait s'aventurer à tenter l'entreprise. Le prudent général ne se rendit pas d'abord, il lui fallut l'ordre du Roi renouvelé par trois fois, pour marcher en avant.

Pour obéir au Roi, La Trémoille se dirigea vers Novare. Il s'empara des défenses avancées de la place et se prépara à donner l'assaut. Mais, averti que, outre les 10,000 Suisses qui étaient enfermés dans la ville avec Maximilien Sforce, 10,000 autres venaient à leur secours et devaient passer par un village nommé Tracas, il prit, de l'avis de son conseil, la résolution de marcher à la rencontre de cette troupe. Il fut décidé qu'on s'arrêterait à Tracas, qui offrait une plaine propice à la cavalerie, la principale force des Français. On envoya donc par avance disposer le campement. Mais Jean-Jacques Trivulce, auquel appartenaient les environs de ce village, désirant épargner ses terres et leurs habitants, obtint du maréchal des logis qu'il fixât le camp à moitié chemin, dans un lieu étroit et peu praticable aux cavaliers, très avantageux au contraire à l'infanterie suisse.

La Trémoille était demeuré devant Novare avec 300 hommes d'armes, 3,000 hommes de pied et six pièces d'artillerie pour repousser les assiégés en cas de sortie. Le lendemain, il se dirigea avec sa petite troupe vers le lieu du rendez-vous. Qu'on juge de son étonnement, quand il trouva à moitié chemin de Tracas le camp déjà occupé par une partie de ses forces envoyées la veille, dans un endroit défavorable aux siens et avantageux à l'ennemi. Il rassembla ses officiers pour leur faire part de sa résolution de laisser ce campement et de s'avancer jusqu'à Tracas. Mais on lui représenta que le temps pressait, que les Suisses pouvaient arriver avant qu'on eût le temps de choisir une position favorable, que les environs de Tracas étaient couverts de moissons qu'on allait détruire en occupant le pays, et que par là on irriterait les paysans contre les Français, que d'ailleurs les chevaux de l'artillerie et des bagages étaient allés au fourrage, et qu'ils ne pourraient rejoindre à temps l'armée, si elle changeait de campement. La Trémoille céda malgré lui à ces raisons, et, contraint de rester en ce lieu, il s'occupa sur-le-champ de disposer ses troupes. Il garda pour lui l'avant-garde, plaça Jean-Jacques Trivulce au corps de bataille, et le seigneur de Bussy à l'arrière-garde.

Les 10,000 Suisses passèrent dans la soirée du même jour à Tracas ; mais de là, informés de la position des Français, ils prirent une autre direction pour se rendre à Novare, où ils entrèrent à dix heures de nuit. Deux heures après, 20,000 hommes sortaient de cette ville pour venir attaquer l'armée royale. Les ennemis étaient partagés en trois corps, l'un de 10,000 hommes, les deux autres de 5,000 hommes chacun. Ils arrivèrent au camp des Français au point du jour. La bande des 10,000 Suisses vint donner sur l'avant-garde conduite par le seigneur de La Trémoille. Le choc fut terrible, mais les Français obtinrent enfin l'avantage ; l'avant-garde, seule engagée, tailla en pièces les Suisses de la première bande et en mit six ou sept mille hors de combat. La bataille paraissait gagnée, lorsque les deux autres bandes suisses, chacune de 5,000 hommes, se jetèrent sur l'artillerie et s'en emparèrent. Les troupes du corps de bataille, composées presque en entier d'Italiens, et celles de l'arrière-garde, croyant l'ennemi vainqueur de l'avant-garde, lâchèrent pied sans coup férir. Si toute l'armée eût fait son devoir comme le corps commandé par La Trémoille, la victoire serait restée aux Français. Leur perte fut de beaucoup inférieure à celle des Suisses, car ils n'eurent hors de combat que 50 hommes d'armes, dont 30 de la compagnie de la Trémoille, et environ 1,200 aventuriers, allemands et français, au lieu que l'ennemi perdit plus de 8,000 hommes. Mais la fuite des deux tiers de l'armée laissa la victoire aux Suisses. La Trémoille, blessé en plusieurs endroits, indigné de la lâcheté des troupes qu'il commandait, évacua l'Italie et revint en France. Le Roi, malgré sa douleur de cette défaite, n'en rejeta pas le blâme sur le seigneur de la Trémoille, car il savait que si le combat avait eu une issue funeste, il avait été engagé contre la volonté du général.

CHAPITRE VIII

Louis de la Trémoille en Normandie et en Bourgogne. — Démêlé entre les magistrats et les ecclésiastiques de Beaune. — Dijon assiégé par les Suisses. — La Trémoille délivre Dijon. — Dispositions du Roi pour la Trémoille. — État de maison de La Trémoille.

Le Milanais était de nouveau perdu, mais il fallait songer surtout à défendre le royaume attaqué de plusieurs côtés à la fois. Louis XII, craignant que les Anglais ne fissent un débarquement en Normandie, envoya dans cette province son fidèle lieutenant pour fortifier les villes et animer les populations à se défendre. La Trémoille se rendit à Rouen, où il rassembla les principaux seigneurs et bourgeois de la contrée. Ils accueillirent avec joie ses exhortations, et déclarèrent qu'ils étaient prêts à obéir au Roi et à n'épargner ni leurs personnes ni leurs biens pour la défense de leur province et de tout le royaume. Ils députèrent même plusieurs d'entre eux pour accompagner la Trémoille dans la visite des places fortes, des ports de mer et autres lieux propices à un débarquement. Par leurs soins, tout fut mis en ordre, et La Trémoille, ayant accompli sa mission, se disposa à retourner vers le Roi. A son départ, on lui offrit de riches présents qu'il refusa en disant : « que la plus grande richesse qu'il désiroit en ce monde étoit la grâce de Dieu, la faveur du Roi son maître et seigneur, et la bienveillance du peuple, et que d'autres biens il en avoit assez, » « car, à la vérité, ajoute J. Bouchet, il avait trente mille livres de rente (1), comme je le sais pour en avoir vu les comptes. »

La Normandie mise en état de défense, et

---

(1) Cette somme de 30,000 livres équivaut à plus de un million de francs de nos jours.

les populations du pays raffermies dans leur fidélité au Roi, La Trémoille se hâta de se rendre dans son gouvernement de Bourgogne. Il craignait que les Suisses, sachant les troupes royales occupées en Artois contre les Anglais et en Guienne contre les Espagnols, ne préparassent une attaque contre sa province.

A son arrivée en Bourgogne, Louis de la Trémoille eut à juger un singulier différend qui s'était élevé dans la ville de Beaune, une des principales places fortes de son gouvernement. Le mayeur et les échevins, au nom de la ville, prétendaient que les ecclésiastiques étaient tenus, en temps de guerre, comme les autres habitants, à faire guet et garde aux portes et murailles de la place, toutes les fois que l'ordre en était donné. Le doyen et les chanoines de l'église collégiale soutenaient au contraire que les gens d'église devaient en être exempts. Le débat n'ayant pu être apaisé sur les lieux, Louis de la Trémoille appela à Dijon les contendants. Là, le

25 juillet 1513, en présence de Humbert de Villeneuve, président du Parlement de Bourgogne, de Charles, prince de Talmond, fils du gouverneur, de René d'Anjou, seigneur de Mézières, son neveu, et de plusieurs autres chevaliers et seigneurs, après avoir entendu les raisons de part et d'autre, et recueilli les avis du conseil, La Trémoille prononça cette sentence, qui, à ce qu'il paraît d'après l'acte original, contenta les deux parties : « Le doyen, les chanoines et autres personnages ecclésiastiques résidant dans la ville de Beaune ne seront pas tenus et ne pourront être contraints de faire guet et garde de nuit ou sur les murailles, quand l'ordonnance du Roi ou du gouverneur qui aura mandé de faire le guet n'aura pas mentionné les ecclésiastiques ; mais quand cette ordonnance contiendra expressément que les ecclésiastiques doivent faire le guet, ils y seront tenus et y seront contraints, tout ainsi que les autres habitants de la ville, excepté le vicaire et les deux prêtres chargés

du service paroissial » (1). La Trémoille s'était ainsi efforcé de concilier les nécessités de la défense en cas d'urgence, avec les immunités dues au clergé.

La Trémoille, peu après son arrivée à Dijon, vit que ses appréhensions étaient malheureusement fondées. Dans le courant d'août 1513, une armée, composée de Suisses et de Francs-Comtois, avec de l'artillerie de l'Empereur, vint mettre le siège devant cette ville. Les remparts et autres fortifications, quoique entretenus avec soin, n'étaient pas en état de soutenir un long siège. La garnison était faible ; la défense reposait presque tout entière sur les habitants. Mais cette attaque soudaine les avait effrayés. Ils savaient que les Suisses faisaient la guerre non pour conquérir, mais pour s'enrichir par le pillage. Ils craignaient de ne pouvoir leur résister et d'être exposés à la rapacité des vainqueurs. La Trémoille

(1) Arch. de Beaune, carton 94, n° 146.

s'inquiétait fort du découragement des habitants, mais sans le faire paraître. A l'approche de l'ennemi, il avait envoyé en Picardie vers Louis XII pour lui demander un prompt secours. Dès que la ville fut assiégée, il chargea des émissaires d'aller de sa part dans le camp des assiégeants, sous prétexte de traiter avec eux, mais en réalité pour connaître leurs forces et leurs desseins et pour gagner du temps en attendant la réponse du Roi. Auprès des habitants, il se montrait rempli de confiance et cherchait à leur rendre le courage, par son exemple et par ses discours.

Les détails qu'il avait pu recueillir de la bouche de ses émissaires sur l'armée des assiégeants ne le rassuraient guère, mais il se garda bien de les faire connaître. Ainsi, un des gentilshommes de sa maison, nommé Regnauld de Moussy, son lieutenant dans l'amirauté de Bretagne, avait parlementé avec dix ou douze des principaux de l'armée des Suisses. Il les avait trouvés pleins d'arrogance et de présomption ; ceux-ci, en effet, n'avaient pas hésité, pensant l'effrayer, à lui montrer leurs vivres, leurs munitions et leur artillerie. L'envoyé du gouverneur apprit aussi de quelques officiers suisses, qui avaient conservé de l'amitié pour La Trémoille, depuis le voyage qu'il avait fait dans leur pays quelques années auparavant, que leur projet était, une fois la ville de Dijon prise et livrée au pillage, d'envoyer 16,000 hommes à Paris pour lui faire subir le même sort, et une autre bande de 12,000 hommes dans le Bourbonnais pour ravager cette province. Regnauld avait pu évaluer les forces des assiégeants à 60,000 combattants, avec cent pièces d'artillerie, quatre ou cinq chariots de poudre, des vivres en abondance, des viandes salées et séchées qu'ils mettaient en poudre et dont ils faisaient des ragoûts et potages fort nourrissants ; et comme on était au mois de septembre, les raisins mûrs ne leur manquaient pas dans les vignes des environs.

La Trémoille envoya un second courrier au Roi pour l'avertir de tout cela et le presser de le secourir. Il en reçut cette réponse : « Étant dans l'impossibilité de lui envoyer un seul homme, il comptait sur La Trémoille pour pourvoir de son mieux à l'avantage de la ville et du royaume. »

Cependant, les Suisses battaient jour et nuit les remparts avec leur puissante artillerie; déjà ils avaient pratiqué plusieurs brèches; le sort de la ville n'était plus douteux. Dans cette extrémité, La Trémoille fait part au conseil des habitants d'un dessein qu'il a conçu, et duquel il espère, avec l'aide de Dieu, le salut de la ville et du royaume. Il demande aux Suisses un sauf-conduit pour un parlementaire, et, après l'avoir obtenu, lui-même, sans armes et presque sans suite, se rend dans le camp des assiégeants. Il fut accueilli avec tous les égards dus à son rang et à sa réputation. Il remontra aux Suisses que leur intérêt était d'être en paix plutôt qu'en guerre avec le Roi de France; que si

Dijon tombait en leur pouvoir, toutes les provinces se soulèveraient pour leur arracher leur proie et les poursuivre jusque dans leur pays. Quand il les vit ébranlés par ses discours, il ajouta que, muni des pleins pouvoirs du Roi, il leur offrait comme conditions de paix l'évacuation des forteresses que la France conservait encore en Italie et la somme de 400,000 écus. Les Suisses acceptèrent ces conditions et retournèrent dans leur pays après avoir reçu une partie de la somme promise, que La Trémoille put recueillir dans la ville et dans les environs. La ville de Beaune y contribua par un prêt de 2,000 écus (1). Mais, pour garantie de l'exécution du traité, il leur donna en otage son neveu, René d'Anjou, seigneur de Mézières, l'un des plus hardis et plus prudents chevaliers du royaume de France. Ainsi, par sa fermeté et son habileté, La Trémoille sauva non seulement la Bourgogne et sa capitale,

(1) Arch. de la ville de Beaune, carton 26, n° 22.

mais encore la France, menacée d'une redoutable invasion.

La ville de Dijon conserve encore, après plus de trois siècles, le souvenir de sa délivrance, qu'elle dut, après Dieu, à La Trémoille. Une procession commémorative a lieu tous les ans, le 13 septembre, jour de la levée du siège, et dans l'église de Notre-Dame un vitrail, où La Trémoille, reconnaissable à son blason, figure à la tête des habitants, perpétue la mémoire d'un fait aussi glorieux pour le grand capitaine que l'avaient été ses victoires.

Néanmoins, les ennemis que Louis de la Trémoille avait à la Cour, présentèrent sa conduite dans le siège de Dijon comme inspirée par un excès de prudence et insinuèrent qu'on aurait pu attendre d'un capitaine aussi distingué une résolution plus énergique. La Reine prêta l'oreille à ces reproches, et comme elle avait une grande influence sur l'esprit du Roi, l'indisposa contre La Trémoille. Aussi, lorsque Regnauld de Moussy, envoyé par celui-ci à la Cour pour porter les détails de l'affaire, demanda une audience à Louis XII, il ne put l'obtenir sur-le-champ. Il s'informa de la cause de ce retard, et ayant appris qu'il provenait d'une mauvaise impression produite sur l'esprit du Roi par des propos malveillants, sans attendre davantage une lettre d'audience, il se présenta hardiment devant Louis XII, et mettant un genou en terre, il lui exposa le service rendu au Roi et à la France par La Trémoille, déclarant que sans lui le royaume eût été en danger de périr. Le Roi l'écouta avec attention raconter tout ce qui s'était passé, et prit connaissance des lettres des magistrats de Dijon qui confirmaient son récit. Alors, se tournant vers les courtisans qui l'avaient indisposé contre son fidèle serviteur : « Vous m'avez rapporté, leur dit-il, qu'ils n'étaient que 25,000 hommes Suisses et Bourguignons devant Dijon, et qu'ils n'avaient ni artillerie ni vivres pour entretenir un camp ; vous voyez le contraire, non par le rapport de Regnauld, mais par le témoignage des seigneurs du pays qui m'en écrivent. Par la foi de mon corps, je pense et connais par expérience que mon cousin le seigneur de la Trémoille est le plus fidèle et le plus loyal serviteur que j'aie en mon royaume, et celui auquel je suis le plus tenu par le mérite de sa personne. Allez, Regnauld, et dites-lui que je ferai tout ce qu'il a promis, et puisqu'il a bien fait jusqu'ici, qu'il fasse mieux encore à l'avenir. » La Reine fut d'abord un peu piquée de cette réponse du Roi; mais, jugeant par l'examen des faits qu'elle avait facilement prêté l'oreille à des insinuations fausses, elle eut le courage d'avouer ses torts envers le vaillant capitaine.

Les Suisses durent attendre quelque temps le paiement de la somme que Louis de la Trémoille leur avait promise. Mais enfin, ayant été satisfaits, ils mirent en liberté son neveu, le seigneur de Mézières, qui leur avait été donné en otage.

La délivrance de Dijon fit plus que conserver au Roi une place importante; elle rassura les esprits alarmés dans toute la France, et facilita la négociation de la paix entamée avec le Roi d'Angleterre. Cette paix fut signée à Londres l'année suivante (1514); et Louis XII, étant veuf depuis peu, par le trépas de la reine Anne de Bretagne, épousa Marie, sœur du monarque anglais. Cette nouvelle union fut bientôt rompue par la mort du Roi, qui décéda en la ville de Paris le dernier jour de décembre de l'an 1514.

Il paraîtra peut-être intéressant au lecteur de connaître l'état d'une maison de grand seigneur au commencement du xvie siècle. Nous extrayons d'un état des gentilshommes, officiers et serviteurs de Louis de la Trémoille (1), de l'année 1515, les détails suivants :

Les gentilshommes, au nombre de douze, parmi lesquels se trouvent les seigneurs de

---

(1) Arch. du duc de la Trémoille.

Marneth, de Bauché, du Cluzeau, de Marmande, de Villarnoul, etc., ont droit chacun à deux chevaux et un valet.

Dix pages, appartenant aux meilleures familles de la province, font leur apprentissage du métier des armes.

Les officiers de cuisine, d'échansonnerie, d'écurie, de fauconnerie, sont au nombre de quatorze, ayant sous leurs ordres dix valets, et dix chevaux pour leur service.

Les deux secrétaires ont chacun deux chevaux et un valet ; le receveur général, un cheval et un valet.

La chambre compte un apothicaire, un barbier et deux valets de chambre ayant chacun un cheval et un serviteur.

La chapelle est composée d'un aumônier et de trois chapelains, qui ont deux valets pour les servir et chacun un cheval.

Les dépenses et traitements montaient, d'après un état de 1516, à la somme de 2,081 francs par mois.

A la suite de cet état se trouve une note

de la main de Louis II qui atteste la vigilance du maître. « Nous n'entendons pas, dit-il, que les gentilshommes, officiers et serviteurs de nous, de notre épouse et de notre fils, aient plus de chevaux ni de serviteurs nourris dans notre maison que ceux qui leur sont donnés dans l'état ci-dessus ; et nous mandons à nos maîtres d'hôtel de faire observer cette ordonnance. »

CHAPITRE IX

Avènement de François Ier au trône. — François Ier en Italie. — Bataille de Marignan. — Mort de Charles de la Trémoille, prince de Talmond. — Le Milanais reconquis.

Au bon Roi Louis XII succéda, le 1er janvier 1515, François, duc de Valois et comte d'Angoulême. Il conserva à Louis de la Trémoille la même faveur et la même confiance que lui avait accordées son prédécesseur. Il le confirma dans toutes ses dignités et ne tarda pas à employer ses talents. Le Roi, voulant continuer la politique de Louis XII pour la conquête du duché de Milan, renouvela les alliances avec les princes et États ses voisins. D'abord il renouvela la paix faite entre le défunt Roi et celui d'Angleterre, auquel il renvoya Madame Marie, veuve de Louis XII, avec un douaire de 60,000 écus de rente. Elle épousa bientôt le duc de Suffolk. Pour les Vénitiens, il confirma un accord fait avec eux, par lequel ils devaient contribuer à la conquête et à la conservation de son duché de Milan, pendant que de son côté le Roi devait les secourir et les aider à recouvrer les terres que l'Empereur avait usurpées sur eux. François Ier leur renvoya Barthélemy d'Alviane, leur général, fait prisonnier à Agnadel.

Le Milanais était occupé alors par Maximilien Sforce, fils de Ludovic le More, qui n'avait pour le défendre que les Suisses. Le Roi leva une armée dans laquelle il appela Louis de la Trémoille et Charles, prince de Talmond, son fils. Les Suisses, pour arrêter l'armée française à son entrée en Italie, s'étaient portés vers Suse, où aboutissent les chemins du mont Genèvre et du mont

Cenis, passage ordinaire des Alpes. Le Roi, l'ayant su, prit un autre chemin, par Grenoble, Embrun, Guillestre et Largentière. Il passa ainsi les Alpes, avec son armée et toute son artillerie, par une route qu'on croyait inaccessible pour les chevaux et les chariots.

L'avant-garde, commandée par d'Imbercourt et La Palisse, en débouchant dans les plaines du Piémont, surprit à Villefranche un corps de 1,500 Milanais sous les ordres de Prosper Colonne. Celui-ci fut fait prisonnier et sa troupe mise en fuite. Les Suisses, qui attendaient toujours l'arrivée de l'armée française au pas de Suse, à la nouvelle de ce désastre, se replièrent, passèrent en hâte le Pô avec leur artillerie, et entrèrent dans Novare, qu'ils abandonnèrent bientôt pour gagner Milan. Le Roi les suivit, et espérant au prix d'une somme d'argent obtenir de cette armée de mercenaires qu'elle lui laissât le passage libre, il leur envoya le bâtard de Savoye et le seigneur de Lautrec, pour leur faire des propositions. Cependant Novare se rendit après quelques jours de siège. François Ier y reçut la nouvelle d'un arrangement conclu avec les Suisses, qui, moyennant une somme d'argent, consentaient à se mettre en retraite.

En effet, ils sortirent de Milan, et marchèrent à la rencontre des Français, en apparence pour recevoir le prix de leur défection, mais en réalité dans l'intention de surprendre le Roi et de l'enlever. Le 13 septembre 1515, vers trois heures après midi, ils tombèrent sur l'armée française près de Marignan. L'avant-garde était commandée par le duc de Bourbon et le corps de bataille par le Roi en personne, auprès duquel était La Trémoille. On annonça au duc de Bourbon que les Suisses étaient partis de Milan pour venir combattre. Il monta tout de suite à cheval pour en avertir le Roi. Ce prince ne voulut pas d'abord le croire, mais un nuage de poussière venant du côté de Milan confirma les paroles du duc. Le Roi le renvoya à l'avant-garde et fit prendre les armes. Il était temps, car les Suisses arrivaient. Ils vinrent en bon ordre, abandonnant leurs chapeaux et déchaussant leurs souliers pour mieux combattre. En premier lieu, ils engagèrent leurs enfants perdus, qui étaient environ deux mille, contre l'artillerie, mais ils furent durement accueillis et bien repoussés. Après eux vint le gros de l'armée des Suisses, sur lequel le duc de Bourbon lança ses hommes d'armes. Mais, malgré l'impétuosité de leur attaque, ils ne purent entamer les ennemis. Cependant, d'autres bandes suisses attaquèrent le corps d'armée où se trouvait le Roi, accompagné de La Trémoille et d'autres vaillants capitaines. L'ordre fut donné aussitôt à l'artillerie d'ouvrir son feu. Elle le fit avec tant de succès que les Suisses furent rompus. Alors François Ier lança ses hommes d'armes contre l'ennemi, les animant par ses paroles et son exemple. La mêlée fut longue et cruelle ; on se battit jusqu'à la nuit et à la clarté de la lune. L'acharnement des deux partis était tel qu'il n'y eut que l'obscurité qui put les séparer. La nuit venue, les trompettes des Français sonnèrent la retraite ; les Suisses firent retentir les cors de vaches, dont ils ont coutume d'user. Les deux armées campèrent à un jet de pierre l'une de l'autre, et il n'y avait entre elles ni fossés ni haies. Les hommes d'armes demeurèrent là toute la nuit sans descendre de cheval. François Ier la passa sur le timon d'une charrette sans quitter son armure. A peine put-on trouver de l'eau claire pour le Roi, parce que les ruisseaux voisins du champ de bataille étaient pleins du sang des blessés et des morts. La Trémoille resta toute la nuit armé près du Roi sans fermer les yeux. Son fils, le prince de Talmond, accompagnait le duc de Bourbon qui commandait l'avant-garde.

Le lendemain matin, 14 septembre, François Ier fut averti que l'ennemi se préparait à livrer une seconde bataille. En effet, Suisses et Italiens, au nombre de 30,000 combattants, vinrent attaquer les Français dans leur camp. On était disposé à les bien recevoir. Jacques Galiot, chevalier hardi, renommé pour sa prudence et son habileté, maître de l'artillerie, leur fit éprouver de grandes pertes, car à coups de canon il en défit une partie. Les autres se battirent avec un acharnement incroyable. La seconde journée fut encore plus sanglante que la première. Enfin les Français l'emportèrent, et ceux des ennemis qui ne restèrent pas morts ou blessés sur le champ de bataille, ne réussirent à s'échapper que grâce au nuage de poussière soulevée par les chevaux des hommes d'armes. La perte des Suisses fut de plus de 15,000 hommes, tant tués que blessés.

La victoire coûta cher aux Français. Plusieurs jeunes seigneurs qui avaient choisi leur poste à l'avant-garde, et avaient par leur vaillante ardeur contribué à la défaite des Suisses, payèrent de leur vie la gloire dont ils s'étaient couverts. De ce nombre furent François, frère puîné du duc de

Bourbon, le fils du comte de Pétillanne, qui conduisait les Vénitiens enrôlés au service du Roi, le seigneur d'Imbercourt, le comte de Sancerre, le seigneur de Bussy, le capitaine Mouy, et bien d'autres.

Mais la perte la plus sensible au Roi et à l'armée fut celle de Charles, prince de Talmond, fils unique de Louis de la Trémoille. Ce jeune héros avait reçu soixante-deux blessures, dont cinq étaient mortelles. Regnauld de Moussy, chevalier, qui avait été son gouverneur, le fit relever encore vivant et porter sous sa tente, où les chirurgiens le pansèrent. Son père, averti après la bataille, accourut auprès de son fils. Les médecins lui donnèrent quelque espoir de guérison; aussi, confiant dans leurs paroles, il témoignait sa joie de ce que son fils s'était trouvé en si rude aventure et de ce qu'il avait donné de telles preuves de hardiesse, force et noblesse de cœur, puis il s'en alla tout consolé vers le Roi. François Ier lui fit très bon accueil, lui cachant la mort de son fils, qu'il jugeait prochaine.

Le prince de Talmond se voyait perdu, quelque espoir qu'on lui donnât. Il dit à Regnauld de Moussy : « Je meurs bien jeune, mais je me soumets à la volonté de Dieu qui m'a fait la grâce de donner ma vie pour le service du Roi. Je n'ai plus qu'à songer à bien mourir. Je vous prie de m'amener un prêtre pour me confesser. » Il se confessa ensuite, reçut le saint viatique et, trente-six heures après la bataille, rendit son âme à Dieu. Le Roi voulut annoncer lui-même cette triste nouvelle au seigneur de la Trémoille. Le malheureux père, malgré ses efforts pour dompter sa douleur, fondit en larmes. Il eut le courage de répondre au monarque qui essayait de le consoler : « Sire, ma vie et la sienne étaient à vous ; j'aurais dû mourir le premier ; mais, puisque Dieu ne l'a pas voulu, il ne me reste plus qu'à prier pour l'âme de mon fils et à employer le reste de ma vie à votre service. »

Cette sanglante victoire ouvrit au Roi les portes de Milan. Les habitants, voyant la supériorité des armes de la France, et fidèles à leurs habitudes, se révoltèrent contre Maximilien Sforce et envoyèrent au Roi les clefs de leur ville, en implorant la clémence du vainqueur. Le Roi, heureux de pouvoir entrer dans cette capitale sans effusion de sang, se contenta de leur recommander une plus grande fidélité à l'avenir et ne leur imposa d'autre charge que de payer les frais de l'occupation de leur ville par son armée. Le lendemain, François Ier faisait une entrée triomphale dans Milan. Il se préparait ensuite à faire le siège du château où était enfermé Maximilien, mais celui-ci se rendit à discrétion et fut envoyé en France.

François Ier avait reconquis le Milanais en moins d'un mois. Après cette glorieuse expédition, il revint dans son royaume avec les principaux seigneurs de l'armée, et parmi eux Louis de la Trémoille.

CHAPITRE X

Funérailles du prince de Talmond. — Mort de Gabrielle de Bourbon. — Ses funérailles. — Tombeau des La Trémoille. — Second mariage de Louis de la Trémoille avec Louise de Valentinois. — Entrevue du Camp du Drap d'or.

Après le décès de Charles de la Trémoille, prince de Talmond, le corps du jeune héros demeura confié à Regnauld de Moussy, « directeur de son adolescence. » Chargé de le transporter à Thouars, Regnauld fut accompagné dans ce long voyage par les gentilshommes et les serviteurs de la maison de la Trémoille. Dans toutes les villes et paroisses que le cortège traversait, on célébrait un service funèbre pour l'âme du jeune prince (1). Cependant Louis de la Trémoille avait envoyé un courrier en poste à Gabrielle de Bourbon, son épouse, pour lui annoncer la fatale nouvelle et lui confier le triste soin de la transmettre à la veuve du prince de Talmond, Louise de Coétivy. Gabrielle était alors au château de Dissay, à cause de la peste qui l'avait forcée de s'éloigner de Thouars. Le courrier y arriva huit jours après la mort du prince. Sa mère avait déjà appris qu'il était blessé, mais comme on lui avait donné de l'espoir, elle était loin de s'attendre à ce cruel dénouement. La lettre de Louis de la Trémoille fut remise à l'évêque de Poitiers, son neveu, qui était près de Gabrielle. La malheureuse mère devina la vérité : « Comment se porte mon fils, s'écria-t-elle ? — Il est au ciel, » répondit

---

(1) Voici la quittance de la somme payée pour les frais du transport du jeune prince : « Je Michel Blanche confesse avoir eu et receu la somme de 280 livres tournois, pour employer à la despense qu'il fault faire pour conduire le corps de feu Monseigneur à Thouars. — Le lundi 8ᵉ jour d'octobre 1515. — M. Blanche.
(Arch. de M. le duc de la Trémoille.)

l'évêque. Après la première explosion de sa douleur, Gabrielle voulut lire elle-même la lettre de son mari, dans laquelle, après lui avoir annoncé la perte de leur fils, il ajoutait : « Charles est mort en acte de vertu pour le bien public et nous a laissé un fils, héritier de notre nom. Et combien qu'il ait eu soixante-deux plaies, dont quatre ou cinq étaient mortelles, néanmoins, par la grâce de Dieu, il a vécu trente-six heures après, a reçu les sacrements de sainte Église, a toujours eu connaissance de Dieu et bonne parole jusqu'au départ de l'âme. Il est hors des mondaines misères et son âme est, comme je pense, en éternel repos. Je vous envoie le corps, vous priant, Madame, que par trop excessive douleur je ne perde la mère avec le fils et qu'en perdant les deux je ne me perde. Ce que Dieu ne veuille !... »

La mère désolée dut apprendre à la veuve de son fils le malheur qui venait de la frapper. Les deux dames confondirent leurs larmes, et dans leur douleur cherchèrent à se consoler mutuellement en se montrant le jeune fils, espoir du nom et de la race des la Trémoille, à peine âgé de treize ans. La veuve du prince de Talmond ne put résister à la perte de son époux. La douleur affaiblit sa raison ; elle devint folle. Le roi François Ier lui donna, par lettres du 26 janvier 1541, pour curatrice, sa belle-fille, Anne de Laval.

Les funérailles du prince de Talmond se firent à Thouars, et ses restes furent déposés dans l'église de Notre-Dame du château, destinée par Louis de la Trémoille à la sépulture de sa famille. Jean Bouchet composa pour lui cette épitaphe :

> Force de corps, hardiesse de cueur (1),
> Le hault vouloyr d'estre nommé vainqueur,
> Le grand désir d'estre au Roy secourable,
> Et le vouloyr d'impugner (2) la rigueur,
> Des rebellans non craignant la vigueur,
> M'ont mis au rang d'honneur inextimable,
> Par fin honneste aux nobles désirable,
> En surmontant Souysses ahontez (3),
> Après soixante et deux coups, mort plorable

(1) Cœur.
(2) D'attaquer.
(3) Couverts de honte.

A Marignan me fut inexorable,
Quand mille cinq cent quinze ans furent comptez.

Quelques semaines après les funérailles, Louis de la Trémoille, après avoir accompagné le Roi jusqu'à Lyon, se rendit à Thouars auprès des deux dames désolées. Il chercha à les ranimer ; mais la mère avait reçu une plaie trop profonde. Gabrielle tomba dans une langueur qui inquiétait son mari, lorsque les nécessités de sa charge le rappelèrent en Bourgogne. Ses tristes prévisions se vérifièrent. Il fut averti des progrès de la maladie et du désir que Gabrielle avait exprimé de le voir auprès d'elle. Il accourut à Thouars, et, dès son arrivée, se hâta de se rendre près de celle qu'il aimait tant ; mais, avant d'entrer dans la chambre de la malade, il composa son visage pour dissimuler la tristesse de son cœur. En abordant son épouse, il lui donna un gracieux bonsoir, qui fut par elle humblement reçu. « Ah ! monsieur, lui répondit-elle, l'heure de votre venue, par moi tant désirée, m'a été fort longue, craignant, par la presse de mon mal, jamais ne vous voir et ne pouvoir vous dire le dernier adieu avant que mourir. — Vous n'en êtes pas là, reprit le seigneur de la Trémoille; j'espère que, au cas que vous voudrez mettre peine à chasser de votre esprit les mortelles tristesses, que aisément vous retournerez à votre première santé. — La chose n'est pas possible, dit-elle; si la joie pouvait être le médecin de mon mal, votre seul regard le guérirait. »

Quelques jours après, Gabrielle, sentant sa fin approcher, dit à son mari : « Monsieur, il y a trente-trois ans que la loi du mariage nous lia et qu'un honnête amour assembla nos cœurs et en fit une seule volonté. Je vous rendis de cette alliance un seul fils, dont le décès m'a mise en l'état où vous me voyez... Je n'ai mémoire d'avoir fait aucune chose qui vous dût déplaire, ni que mon vouloir ait été contraire à votre bonne volonté. Toutefois, en si longues années, il serait difficile que je n'eusse failli en quelque chose. C'est pour-

Tombeau de Louis de la Trémoille et de Gabrielle de Bourbon

quoi, monsieur, je vous supplie de me pardonner ces fautes. Je vous laisse la vive image de notre fils : c'est notre jeune enfant François... Je m'estimerais heureuse si je vous laissais un plus grand fruit de notre sang; mais, après mon décès, vous pourrez avoir une autre épouse pour vous donner plus nombreuse lignée, afin que votre redoutable et bien estimé nom soit perpétué. Et pour le dernier adieu, je vous recommande mon âme. »

Ayant ainsi pris congé de son mari, la bonne dame tourna les yeux vers le ciel en disant assez haut le commencement de ce psaume : *In te, Domine, speravi;* puis elle demanda l'extrême-onction, qu'elle reçut, et incontinent après elle rendit l'âme à Dieu, le dernier jour de novembre, l'an mil cinq cent seize.

Cette belle mort portait témoignage d'une sainte vie. Les funérailles de Gabrielle de Bourbon furent célébrées dans l'église de Notre-Dame de Thouars, où elle fut ensevelie.

Son mari ordonna des prières dans toute l'étendue de ses terres, par des lettres ainsi conçues : « Il a plu à Notre-Seigneur prendre et appeler à lui notre très chère et très aimée épouse (que Dieu absolve), qui nous est la plus grosse perte que eussions pu faire. Nous vous en avertissons à ce que fassiez prier Dieu pour son âme, etc... A Thouars, ce 4° jour de décembre 1516. — L. DE LA TRÉMOILLE » (1).

Trois ans plus tard, le seigneur de la Trémoille fit construire, dans l'église de Notre-Dame, le tombeau destiné à recevoir ses restes et ceux de sa femme, celui de Charles, son fils, prince de Talmond, enfin celui de Jean, son frère, cardinal, archevêque d'Auch.

Le marché contenant le devis, passé avec le sculpteur chargé de cette construction, est conçu en ces termes :

« Fut présent noble homme François d'Availloles, seigneur de Négron, pour et au

---

(1) Arch. de M. le duc de la Trémoille.

nom de messire Louis de la Trémoille, vicomte de Thouars, etc., et maître Martin Claustre, tailleur d'images, habitant de Grenoble, lesquels font entre eux les marchés, convenances, promesse, obligation et choses ci-après déclarées, en la forme et manière qui s'ensuit. C'est à savoir que ledit Claustre a pris à faire dudit seigneur de Négron, audit nom, trois sépultures, tant de marbre que d'albâtre, lesquelles seront par lui mises et assises en l'église Notre-Dame du château dudit Thouars, selon ce qui s'ensuit :

« C'est à savoir, en la tombe du milieu, seront deux grands personnages gisants, de cinq pieds et demi chacun, homme et femme, à la figure de mondit seigneur de la Trémoille et de madame sa femme, laquelle tombe aura quatre pieds de largeur, sept de longueur et trois de hauteur ; lesquels gisants seront d'albâtre. Et au-dessous desdits personnages sera une tombe de marbre noir, et l'entour de marbre blanc du Dauphiné, auquel marbre on taillera les douze apôtres ; et aux pieds desdits deux personnages on mettra chiens ou lions, et sous les têtes de chacun un carreau d'albâtre, et le soubassement de dessous sera en marbre noir.

« En l'autre tombe, qui est la seconde, sera mis un cardinal gisant, qui sera d'albâtre de la même longueur que dessus ; et la tombe de dessous sera de marbre noir et tout à l'entour de marbre blanc, pareille à la première, et le dessous de marbre noir. Ladite tombe sera de deux pieds et demi de largeur, sept de longueur et trois de hauteur, comme la première ; et alentour on figurera des pleurants.

« Et en l'autre tombe, qui est la troisième, il sera mis monseigneur le prince de Talmond (1), armé, lequel personnage sera d'albâtre, et sera pareillement la tombe de marbre noir comme les autres, garnie à l'entour de marbre blanc ; et l'on mettra à l'entour de

(1) Le devis ne mentionne que le prince de Talmond ; mais le dessin du tombeau montre Louise de Coétivy auprès de son mari.

petits anges qui porteront les armes dudit seigneur, chacun un bâton en la main, et le soubassement de marbre noir, comme les autres précédents; lequel marbre noir sera de Tournay, comme les autres; l'albâtre et marbre blanc, du Dauphiné.

« Et sera ledit travail bien, dûment et convenablement fait, au dire des gens en ce connaissant, dedans un an prochain venant, pour le prix et somme de mil livres tournois, deux pipes de vin et dix setiers de blé méteil, mesure de Thouars; sur quoi ledit seigneur de Négron fera avancer audit maître Martin, dans les six jours prochains venant, la somme de cent livres tournois, et le surplus à payer en faisant et au parfait desdits ouvrages, etc. »

Ces tombeaux ont été détruits par les iconoclastes de 1793. Quelques débris existent encore dispersés en différents endroits, entre autres au musée de Niort. Les dessins qui nous ont été conservés par Gaignières, témoignent de la conformité de l'exécution avec le devis que nous venons de rapporter (1).

Le seigneur de la Trémoille, tandis qu'il s'occupait de rendre à son épouse ces tristes devoirs, reçut du Roi l'ordre de venir à Blois, où se trouvait la Cour. De là il la suivit à Paris et assista aux solennelles audiences des ambassadeurs du roi des Romains et du roi d'Espagne, envoyés pour conclure la paix avec le roi François Ier.

C'est là qu'il rencontra une jeune princesse, orpheline de père et de mère, Louise, duchesse de Valentinois, fille unique du fameux César Borgia, duc de Valentinois, et de Charlotte d'Albret. Sa mère, par son testament daté du 11 mars 1514, le jour même de sa mort, avait ordonné que « sa fille serait menée à

---

(1) M. le duc de la Trémoille vient de faire restaurer les chapelles funéraires et les caveaux placés sous l'abside de Notre-Dame de Thouars. Des pierres tombales rappellent les noms de tous les membres de la famille, qui depuis l'époque de Louis II furent ensevelis dans cette église. Un porche monumental construit dans le style de l'édifice, donne entrée à l'église souterraine et aux caveaux. Au-dessus de la porte sont sculptées les armes de Louis II avec cette inscription : Sépulture des La Trémoille.

Madame d'Angoulême (1), à laquelle tous ses biens seraient livrés afin de les bien garder en bonne sûreté à sa dite fille, laquelle elle fait sa seule et universelle héritière... et se recommande bien humblement à Madame d'Angoulême et lui recommande sa fille (1). »
Louise de Savoie garda auprès d'elle la jeune princesse, alors âgée d'environ dix-huit ans. Elle se distinguait parmi les dames de la Cour pour sa vertu et sa beauté. Elle attira les regards de Louis de la Trémoille ; celui-ci, pour assurer la descendance de sa maison, dont son petit-fils François, alors âgé de quatorze ans, était le seul espoir, se résolut, conformément au vœu de sa femme mourante, de contracter un second mariage avec Louise de Valentinois. Il aurait pu sans doute choisir une dame d'un âge plus en rapport avec le sien (il avait cinquante-six ans et la jeune

---

(1) Louise de Savoie, duchesse d'Angoulême, mère de François 1er.

(1) Testament de Charlotte d'Albret. (Bibl. nat., Collection Doat, t. 229. — Inventaire de la duchesse de Valentinois, publié par E. Bonnaffé, 1878. Appendice.)

dame dix-neuf). « Mais, dit le chroniqueur, deux choses le décidèrent : l'une, qu'il ne voulait pas épouser une femme veuve; l'autre, qu'il n'en connaissait à la Cour d'autre qui lui fût plus agréable. Il savait aussi que dans la race d'Albret toutes les femmes et filles ont eu et gardé sans tache l'honneur et le titre de chasteté et pudicité. Et par la longue et honnête fréquentation qu'il avait eue avec cette jeune duchesse, il connaissait qu'elle était humble sans rusticité, grave sans orgueil, bénigne sans niaiserie, affable sans trop grande familiarité, dévote sans hypocrisie, joyeuse sans folie, parlant bien sans fard de langage, libérale sans prodigalité, et prudente sans présomption. »

Par son contrat de mariage, Louise de Valentinois apportait, outre ses terres, 81,730 livres tournois, y compris sa vaisselle d'argent. Elle l'engagea pour prêter au Roi 6,000 livres qui ne lui furent rendues qu'en 1520 (1). Le mariage fut célébré à Paris le 7 avril 1517.

(1) Chartrier de Thouars.

La même année, François Ier faisait épouser à Laurent de Médicis Madeleine de la Tour d'Auvergne, nièce de Gabrielle de Bourbon, première femme du seigneur de la Trémoille. De ce mariage naquit Catherine de Médicis, la future reine de France, qui, après la mort de son père, fut placée sous la tutelle de Louis de la Trémoille.

François Ier, à cette époque, cherchait à se concilier l'amitié de Henri VIII, roi d'Angleterre. Ce n'était pas qu'il l'aimât ou même qu'il l'estimât beaucoup, mais il voyait en lui un prince puissant et dangereux qu'il voulait détourner de s'attacher à ses adversaires.

Une entrevue avec Henri lui parut propre à atteindre ce but.

Ce fut au 6 juin 1520, que les deux rois fixèrent cette entrevue entre Guines et Ardres, sur un terrain appelé depuis le Camp du Drap d'or, à cause de la magnificence qu'ils y déployèrent. Au jour fixé, le Roi de France arriva avec une grande suite de gentilshommes de toutes les parties de son royaume. Louis de la Trémoille y occupait son rang. Chacun d'eux se logea dans des tentes somptueuses, dressées en plein champ autour de celle de leur souverain. Le roi d'Angleterre avait voulu surpasser en luxe son allié; il avait fait construire et apporter de Londres une maison de bois, formant un véritable palais avec salles et galeries très spacieuses. Les lambris et les plafonds étaient couverts de peintures et de dorures. Comme ce bâtiment se démontait par pièces et que l'architecte en avait combiné habilement les dispositions, il arrivait que, selon le caprice du roi d'Angleterre, on pouvait en changer l'aspect et la forme.

On s'occupa beaucoup plus dans cette conférence de faire assaut de luxe et de galanterie que de discuter les conditions d'une paix durable. On se contenta d'un traité et d'une alliance par paroles, sans en rien rédiger par écrit.

Les deux souverains s'offrirent mutuellement des festins, des fêtes et des tournois. Les reines, qui avaient accompagné leurs époux, donnèrent aussi des fêtes splendides; Claude de France dans la ville d'Ardres, et Catherine d'Angleterre dans celle de Guines.

Après quinze jours de réjouissances, les princes se séparèrent; le monarque anglais remportait l'honneur d'avoir surpassé François Ier en luxe et en dépenses. Nous citerons un seul exemple de sa prodigalité, tel que nous le trouvons raconté par un chroniqueur flamand (1). Henri VIII avait apporté d'Angleterre de l'or massif, en forme de fagots, de trois pieds et demi de long et d'une grosseur proportionnée, tellement que chaque fagot faisait la charge de deux hommes. Il les faisait placer dans les cheminées de ses chambres sur des chenets d'argent doré, principalement lorsqu'il attendait la visite de quelque grand personnage. Ces fagots, qui, excepté

---

(1) L. Brésin, Chroniques de Flandre.

la matière, étaient semblables à ceux qu'on fait de branches d'arbres, brillaient dans les cheminées et témoignaient de la richesse et de la magnificence du maître.

CHAPITRE XI

Guerre avec l'Empereur et le roi d'Angleterre. — Campagne de La Trémoille en Picardie. — Siège de Marseille.

Après quelques années de paix, la guerre se ralluma en 1521. Charles, roi d'Espagne, venait d'être élu Empereur sous le nom de Charles Quint. François Ier avait été son compétiteur à la couronne impériale. Cette rivalité les brouilla. Charles saisit l'occasion d'un différend qu'il avait avec Robert de la Marck, duc de Bouillon, ami du Roi de France, pour attaquer les places de celui-ci. Il prit Mouzon, qu'il perdit bientôt après. Il assiégea Mézières, défendue par l'illustre chevalier Bayard, et ne put s'emparer de cette ville. Cette guerre fut sans fruit de part et d'autre. François Ier aurait pu profiter de ses avantages, s'il avait suivi les conseils du connétable de Bourbon et de Louis de la Trémoille.

Henri VIII, roi d'Angleterre, au mépris de l'amitié jurée à François Ier dans la fameuse entrevue du Camp du Drap d'or, en 1520, renouvela en 1522 son alliance avec l'Empereur et envoya une armée sur le continent.

Le Roi chargea La Trémoille d'aller au secours du duc de Vendôme, gouverneur de Picardie. Les deux généraux pourvurent à la défense du pays, mirent partout des garnisons et ravitaillèrent Thérouanne. D'un autre côté, les Allemands menaçant la Bourgogne, La Trémoille retourna en hâte à son gouvernement. Sa venue et les dispositions qu'il avait prises pour recevoir l'ennemi suffirent pour rendre vaine l'entreprise des Allemands, qui rebroussèrent chemin. Mais bientôt les Anglais, apprenant que le seigneur de la Trémoille n'était plus en Picardie, y entrèrent accompagnés des Flamands, des Hennuyers(1), et assiégèrent la ville de Hesdin. Le Roi manda alors La Trémoille en diligence et lui donna ordre d'aller secourir le duc de Vendôme. Il y envoya les maréchaux de Foix et de Montmorency, le seigneur de Mézières et le seigneur Frédéric de Baugé avec leurs corps d'armée ; mais les Anglais, Hennuyers et Flamands, ayant appris leur venue, se retirèrent bientôt sans oser les attendre.

Dans le même temps, le Roi levait une grosse armée pour aller en Italie reprendre Milan, que Lautrec, attaqué par les troupes réunies du Pape, de l'Empereur et des Florentins, avait été contraint d'abandonner. Il fit venir Louis de la Trémoille à Saint-Germain-en-Laye, où il se rendait, et il lui dit : « Monsieur de la Trémoille, vous voyez les affaires de mon royaume et le tour

---

(1) Soldats du Hainaut.

qu'on m'a fait à Milan, où je suis résolu d'aller. Mais je sais que, moi parti de ce pays, les Anglais, Hennuyers et Flamands s'efforceront de me faire ennui et dommage au pays de Picardie; et, averti qu'ils vous craignent, je vous y veux envoyer comme mon lieutenant général. — Sire, dit ledit seigneur, je suis toujours prêt à vous obéir; toutefois, je renoncerais volontiers à cette charge, s'il vous plaisait m'en bailler une autre, parce qu'elle pourrait déplaire à Monsieur de Vendôme, gouverneur dudit pays, lequel est un prince hardi, prudent et loyal, et tant à cause de son autorité que par son bon jugement, il saura très bien résister à vos ennemis, et volontiers sous sa charge je vous y ferai le service auquel je suis tenu. — Et si mon cousin le duc de Vendôme vous prie d'accepter le commandement, dit le Roi, le ferez-vous? — Sire, vous savez que mon vouloir a toujours été, est et sera entre vos mains et en votre puissance. »

Le duc de Vendôme et le seigneur de la Trémoille parlèrent ensemble de cette matière, et, à la requête du duc, La Trémoille accepta la charge de lieutenant général en Picardie.

Le Roi, obligé de faire tête à ses ennemis sur plusieurs points à la fois, ne put donner à La Trémoille que 500 hommes d'armes, dont l'effectif n'était pas même complet, et 10,000 hommes de pied levés dans le pays, et qui, pour la plupart, n'avaient jamais fait la guerre et sortaient de la charrue. Mais les talents et l'expérience du général suppléèrent à la faiblesse de son armée, et sa campagne fut une des plus savantes et des plus utiles qu'on eût jamais vues.

François Ier, toutefois, renonça à son projet de passer lui-même en Italie à la tête de son armée; il confia la conduite de cette entreprise à Guillaume Gouffier, sire de Bonnivet, amiral de France. Le Roi resta en France pour prévenir ou comprimer les soulèvements qui pouvaient avoir lieu dans les pays appartenant au connétable de Bourbon, qui venait de se révolter et de passer à l'ennemi, et contenir les gentilshommes et les princes qu'il avait gagnés à ses projets. On ne manqua pas d'inspirer au Roi des soupçons sur la fidélité de Louis de la Trémoille, lequel était allié du connétable, neveu de Gabrielle de Bourbon, sa première femme. François Ier connaissait trop bien son loyal et brave lieutenant pour concevoir la moindre défiance. Il l'avertit des propos tenus sur ce sujet, et, pour lui donner une éclatante preuve de sa confiance, il lui manda que, bien qu'il dût maintenant rester en France, il aimait mieux laisser à sa conduite la campagne de Picardie que de s'en charger lui-même.

Le comte de Suffolk, général de l'armée anglaise, venait d'entrer en France par Calais (1523), et avait joint ses forces à celles des Impériaux. L'armée des alliés comptait 36,000 hommes de pied et 6,000 chevaux, avec une puissante artillerie. A la première nouvelle des mouvements de l'ennemi, La Trémoille, qui était à Saint-Quentin en Vermandois, se porta rapidement le long des frontières de l'Artois jusqu'à Boulogne-sur-Mer, mit cette ville en état de défense, et alla se loger dans Montreuil. Cette place était une des plus faibles du pays ; elle était aussi en ce moment ravagée par la peste. Il craignait que la garnison ne prît peur et n'abandonnât la défense. Il résolut donc de s'y établir jusqu'à ce que l'ennemi, par ses mouvements, lui eût indiqué de quel côté il devait agir. Trop faible pour tenir tête à ses adversaires, La Trémoille avait pour plan de les harceler, de leur couper les vivres, de les obliger à concentrer leurs forces par la crainte de voir leurs détachements enlevés. Quand les ennemis partaient de devant une place pour aller à une autre, La Trémoille, bien informé de leurs mouvements, faisait évacuer de nuit la place qu'ils venaient de quitter, pour en porter rapidement la garnison dans celle qui allait être attaquée. Lui-même se multipliait pour donner ordre à tout. Ce plan de campagne lui réussit admirablement. Mais il fallait pour l'exécuter l'activité, la perspicacité, la décision, la valeur, réunies à un haut degré dans le général.

La première attaque des Anglais fut contre Boulogne. Mais, ayant trouvé cette place bien défendue et bien munie, ils n'osèrent en faire le siège et se contentèrent de prendre un petit château du voisinage, qu'on avait abandonné parce qu'il n'était pas tenable. De là ils se dirigèrent vers Thérouanne. La Trémoille, tranquille sur le sort de cette place bien fortifiée et défendue par le capitaine de Pierre-Pont, lieutenant du duc de Lorraine, ne fit aucun mouvement de ce côté. Les ennemis restèrent trois ou quatre jours autour de la ville, comme s'ils eussent eu l'intention de l'assiéger. Mais soit que l'entreprise leur parût trop difficile, soit que les nombreuses sorties du capitaine de Pierre-Pont, qui leur avaient causé de grandes pertes, leur eussent inspiré de la crainte, ils abandonnèrent Thérouanne pour se diriger vers Doullens. Là encore ils demeurèrent douze ou treize jours sans faire prendre position à leur artillerie. Ils avaient d'abord tenté de le faire, mais un ouvrage avancé construit en terre et armé de canons par le seigneur de Pont de-Remy, qui commandait dans la ville, leur avait fait éprouver de grandes pertes et retardé les opérations du siège. Ils espéraient toutefois réussir devant cette place, qu'ils savaient dépourvue d'une garnison suffisante, lorsque, à l'improviste, deux bandes d'hommes d'armes et deux compagnies de gens de pied, envoyées par La Trémoille, y entrèrent en plein jour et enseignes déployées, à la vue de l'ennemi. Cette manœuvre hardie, qui rendait le succès du siège moins assuré, découragea les Anglais. Ils décampèrent et s'avancèrent le long de la Somme jusqu'à Bray, petite ville voisine de Péronne, dont ils s'emparèrent.

Là ils traversèrent la rivière et poussèrent

droit à Roye, qu'ils emportèrent, puis à Montdidier, qu'on n'avait pu pourvoir de garnison ni de munitions suffisantes. Le peu de troupes qui gardaient la ville, se trouvant dans l'impossibilité de la défendre, s'étaient retirées à Beauvais. En vain le seigneur de Pont-de-Remy tenta de venir au secours de la place; il fut repoussé. L'artillerie des assiégeants était à peine disposée contre la ville, que le sieur de la Rochebaron, qui y commandait, parlementa, obtint d'en sortir avec un corps de gendarmerie, et put se retirer à Corbie.

Ces places étaient de peu d'importance et La Trémoille employait tous ses efforts à mettre en état de défense les villes principales. Dès qu'il sut que l'ennemi avait passé la Somme, il envoya le comte de Dammartin à Noyon pour rassembler ce qu'il pourrait de gens du pays et garnir la place de défenseurs. L'ennemi, qui se préparait à aller l'attaquer, passa outre et parut prendre le chemin de Paris. La Trémoille manda aux magistrats de cette ville d'envoyer de l'artillerie le long de la Marne pour éloigner les Anglais de ce côté. En même temps qu'il mettait dans Péronne les seigneurs de Montmort et de Humières, et dans Corbie le seigneur de Pont-de-Remy, le vicomte de Turenne et les seigneurs de Lavedan et de la Rochebaron avec leurs bandes, lui-même suivait pas à pas la marche de l'armée ennemie, interceptait ses convois de vivres et la harcelait par des attaques subites, de sorte que les Anglais, craignant d'être coupés de leur ligne de retraite, manquant de vivres et de fourrages et voyant l'hiver s'approcher, prirent le parti de retourner en arrière. Dans leur retraite, ils prirent Beaurevoir et Bohain, deux gros bourgs du nord de la Picardie, qui furent repris, Beaurevoir par le seigneur de Pont-de-Remy, et Bohain par La Trémoille, une journée après que l'ennemi s'en était éloigné. Ainsi, il ne resta pas aux Anglais une seule place dans le royaume, et, poursuivis dans leur retraite par l'infatigable général, ils y perdirent beaucoup des leurs.

La Trémoille, après cette glorieuse campagne, se retira dans son gouvernement de Bourgogne. Le Roi ne l'y laissa pas longtemps tranquille. C'était à lui qu'on avait recours dans les cas graves, et la situation des Français était loin d'être brillante du côté de l'Italie. Bonnivet, par excès de prudence, attribuant à la précipitation les désastres subis par Lautrec, avait manqué par sa lenteur l'occasion de recouvrer le Milanais et laissé le temps à l'ennemi de rassembler des forces pour l'accabler. Vaincu à Rebec et à Romagnano, où périt l'illustre chevalier Bayard, il fut rejeté au delà des Alpes.

Le connétable de Bourbon, qui commandait les Impériaux, le poursuivit, envahit la Provence, puis Toulon, Aix, Tarascon, et vint mettre le siège devant Marseille, le 20 septembre 1524. Cette ville, bien fortifiée et bien pourvue, avait pour défenseurs Philippe Chabot, seigneur de Brion, l'un des grands hommes de guerre de cette époque, et plusieurs autres capitaines de mérite. Toutefois le Roi se détermina à marcher contre l'ennemi pour le forcer de lever le siège; il manda à La Trémoille de venir le joindre à Lyon. Comme on était arrivé par le Rhône à Tournon, le Roi fut averti que le légat, gouverneur d'Avignon pour le Pape, avait refusé de mettre cette ville entre les mains de Jacques de Chabannes, seigneur de la Palice, maréchal de France. C'est pourquoi il envoya le seigneur de la Trémoille vers le légat, et avec lui les seigneurs d'Aubigny, de Florenges et de Mézières. Arrivés en ladite ville d'Avignon, ils y trouvèrent le maréchal de Chabannes et le duc de Longueville, qui n'avaient pas encore les clefs d'une seule porte. Mais dès que le seigneur de la Trémoille eut parlé au légat, toutes les clefs de la ville furent remises entre ses mains et la garde de la ville fut confiée au seigneur d'Aubigny. Sans l'occupation d'Avignon, l'armée du Roi eût été en danger, parce que c'était par cette ville qu'elle pouvait recevoir des vivres et des munitions.

La Trémoille demeura dans Avignon jusqu'à l'arrivée du Roi. Ensuite l'armée se dirigea vers Cavaillon, le maréchal de Chabannes commandant l'avant-garde et La Trémoille le corps d'armée. Le connétable, qui attaquait Marseille sans succès et au prix de pertes considérables depuis 40 jours, averti de l'approche du Roi, leva subitement le siège et se retira en diligence en Italie par la rivière de Gênes, après avoir abandonné son artillerie. Le Roi, de son côté, rejoignit son armée le jour même qu'elle venait de passer la Durance « à gué, par miracle, ce que l'on n'avait jamais vu. » Son dessein était de poursuivre le connétable; mais comme celui-ci avait déjà une avance considérable, l'armée s'arrêta à Aix.

CHAPITRE XII

Seconde expédition de François Ier en Italie. — Siège de Pavie. — Bataille de Pavie. — Mort de Louis de la Trémoille.

Là, on mit en délibération s'il fallait passer les monts et porter la guerre en Italie. Plusieurs considérations engageaient le Roi à prendre ce parti : l'armée comptait beaucoup de mercenaires italiens et d'aventuriers français, qui avaient déjà fort endommagé son royaume et qui le ruineraient s'ils y restaient ; cette armée était prête à marcher, les chefs étaient pleins d'ardeur, et sa présence au milieu des troupes accroîtrait encore leur courage. Aussi, de l'avis de son conseil, François Ier décida l'expédition.

L'armée, conduite par Chabannes, passa les monts; le Roi, accompagné par un détachement, duquel faisait partie La Trémoille, gagna l'Italie par une autre route.

Les Alpes traversées, le Roi conduisit ses troupes par les plaines du Piémont jusqu'au Tessin. Il s'établit à Biagras, où il apprit que le duc de Bourbon avec l'armée impériale occupait Milan. Sa résolution fut bientôt prise; il envoya le marquis de Saluces avec un corps de troupes pour essayer de surprendre cette ville, et après lui La Trémoille avec un autre corps de troupes pour appuyer l'attaque. Milan fut pris avant l'arrivée de celui-ci, presque sans coup férir; le connétable s'était retiré avec ses forces à l'approche des Français et avait laissé la ville sans défenseurs, ne gardant que le château, où il avait mis quelques troupes.

La Trémoille fut nommé gouverneur de Milan. Il y fit son entrée en cette qualité le 30 octobre 1524. On lui donna pour lieutenants le comte de Saint-Pol, le seigneur de Vaudemont, le maréchal de Foix et Théodore Trivulce.

La Trémoille s'occupa aussitôt de fortifier Milan, surtout du côté qui regardait le château, encore occupé par les Impériaux, afin de se mettre à l'abri des sorties et des surprises. Il demeura dans la ville jusqu'au 4 février 1525, sans être attaqué.

Cependant, le Roi avait résolu d'assiéger Pavie. Il fit dresser son camp devant le château de la ville. Près de l'enceinte des murailles était un parc où se trouvait une maison appelée Mirambel. Les Français s'y établirent et s'y retranchèrent. Les habitants de Pavie, commandés par Antoine de Leyva, « chevalier vaillant et hardi », s'étaient bien fortifiés; la ville était assez fournie de vivres et de munitions pour tenir longtemps. La garnison faisait de fréquentes sorties, non sans pertes de part et d'autre; les Suisses surtout qui étaient dans l'armée française eurent beaucoup à en souffrir. La garde des murailles était faite avec soin ; et malheur à ceux de l'armée française qui se montraient sur les remparts de leur camp. C'est là que Claude d'Orléans, duc de Longueville, fut tué d'un coup d'arquebuse. C'était un jeune prince de seize ans, cousin du Roi, et d'un courage intrépide.

De son côté, le camp du Roi battait la ville et le château. On réussit même à détourner le cours du Tésin, qui traverse la ville, afin de priver d'eau les habitants. François Ier, craignant que les Espagnols qui étaient à Naples ne vinssent au secours de Pavie, détacha de son armée un corps de troupes de 400 lances et de 6,000 hommes de pied, sous les ordres du duc d'Albanie, et les envoya pour leur barrer le chemin et occuper Rome, qui était sur leur passage.

Le siège de Pavie, qui occupait l'armée du Roi, laissa au connétable de Bourbon, lieutenant général de l'Empereur, le temps de réunir une armée composée de soldats des nations les plus diverses : Allemands,

Bourguignons, Hennuyers, Lorrains, Brabançons, Espagnols, Italiens et même Français. Cette armée était beaucoup plus nombreuse que celle du Roi, outre que celle-ci s'était affaiblie par le départ, la mort ou la maladie de beaucoup de gentilshommes fatigués d'un siège de quatre mois dans la mauvaise saison, et surtout par l'envoi du côté de Naples du corps de troupes du duc d'Albanie.

Au commencement de février 1525, le connétable, le vice-roi de Naples et le marquis de Pescaire rassemblèrent leur armée à Lodi, sur l'Adda, et se dirigèrent vers Pavie, dans l'intention de forcer les Français à lever le siège. Leurs premières attaques furent repoussées. Après s'être emparés d'un château voisin, dit château Saint-Ange, ils établirent leur camp à la vue des Français et un peu en arrière de ce château.

François Ier rappela La Trémoille et les autres chefs qui étaient avec lui à Milan, dont la garde resta confiée à Théodore Trivulce. Ils rejoignirent l'armée le 4 février avec leurs bandes bien équipées et bien aguerries. La Trémoille fut d'avis qu'on livrât bataille sur-le-champ aux Impériaux, pour profiter de l'ardeur des troupes ranimées par l'arrivée du corps qui venait de Milan. D'autres capitaines furent d'avis contraire, disant que les ennemis n'oseraient attaquer, que leur armée était mal disciplinée, et que chaque jour de retard était fatal pour eux, parce qu'ils manquaient d'argent et de vivres, qu'ils se débanderaient bientôt, qu'ainsi le Roi, sans s'exposer aux risques d'une bataille, serait bientôt débarrassé d'eux. Cet avis prévalut malheureusement, car pendant les quinze ou vingt jours qui suivirent, et ne se passèrent qu'en escarmouches et en sorties de peu d'importance, l'armée impériale eut le temps de se fortifier, de se discipliner et de s'approvisionner de vivres et de munitions.

La Trémoille donnait à tous l'exemple de la vigilance et de l'activité, et « ne laissait jamais le harnois excepté pour changer de chemise. » Il prévoyait les suites funestes de cette imprudente temporisation, mais ne cessait de ranimer les courages par ses exhortations et son exemple.

Le Roi, croyant avoir peu à redouter d'une armée rassemblée à la hâte, avait résolu d'affamer la ville, où il savait que les vivres étaient épuisés (1). Peu s'en fallut que son plan ne réussît. Le 23 février, les lansquenets qui formaient la garnison parlaient de rendre la ville au Roi. Ils ne pouvaient plus souffrir davantage la disette et le manque de paie. Le gouverneur de Pavie, Antoine de Leyva, effrayé de ces murmures, envoya vers le duc de Bourbon pour l'avertir du péril d'un plus long retard. Il fallait en finir : ou laisser rendre la ville, ou la délivrer. Quelques jours de plus et les habitants et les défenseurs de Pavie seraient morts de

---

(1) J. Bouchet donne peu de détails sur la bataille de Pavie. Nous avons complété son récit à l'aide de la chronique manuscrite de L. Brezin, auteur flamand. (Bibl. nat., Mss f. 24045).

faim. Quand ce message arriva, un puissant renfort venait de joindre l'armée impériale. C'était un corps d'Allemands amené par le marquis de Pescaire. Les généraux, se sentant assez forts pour tenter une action décisive, firent répondre au gouverneur de Pavie que l'attaque aurait lieu le lendemain 24 février, et qu'il disposât ses forces pour tomber, de son côté, sur les Français.

Les chefs de l'armée impériale employèrent les premières heures de la nuit du 23 au 24 à concerter leur attaque. Leur projet était d'entrer de nuit dans le parc, où se trouvait le château de Mirambel, place forte des Français, de le surprendre et de mettre en désordre ses défenseurs. Il fallait commencer par pratiquer une brèche dans la clôture du parc, simple muraille facile à renverser. Deux heures avant le jour, une partie de l'armée impériale, sous la conduite du marquis de Pescaire, s'approcha sans bruit de l'enceinte du parc, et commença à battre le mur avec de grosses poutres rembourrées de laine à leur extrémité pour amortir le bruit. Mais ce procédé offrit assez de difficultés, de sorte que le jour parut avant que la brèche fût ouverte assez large pour livrer passage à cent hommes de front. Les sentinelles qui gardaient Mirambel, où logeait le Roi, s'aperçurent du mouvement de l'ennemi et donnèrent l'alarme. François Ier crut que les Impériaux venaient du côté opposé et donna ordre à l'artillerie de s'avancer, au comte de Saint-Pol et à d'Aubigny avec les Suisses de courir à l'ennemi, du côté où il n'était pas. Il espérait pendant ce temps pouvoir ranger ses troupes et soutenir son avant-garde. Bientôt il s'aperçut que les Impériaux étaient sur ses derrières. Sans délai, il fait tourner contre eux quelques pièces d'artillerie qu'il avait sous la main. Leurs décharges répétées mirent le désordre dans les rangs des ennemis, qui reculèrent. Au bruit du canon, la garnison de Pavie fit une sortie et vint attaquer de front l'armée royale, pendant que le reste de l'armée impériale s'avançait sur les derrières et sur le flanc des Français. Le marquis de Pescaire réussit à raffermir son avant-garde un moment ébranlée et se jeta avec furie contre le corps des Suisses, qu'il mit en déroute. En même temps, le marquis de Guast, à la tête d'une troupe d'Allemands, tomba sur les Italiens au service du Roi, qui tournèrent lâchement le dos.

Cependant, les Français se battaient avec acharnement et faisaient tête à l'ennemi, lorsque tout à coup un corps de 500 cavaliers vint les charger, sans réussir à les rompre par le choc; mais chaque cavalier avait en croupe un arquebusier, armé d'une arquebuse à crochet; le tir de l'arquebuse surprenant les combattants, qui croyaient n'avoir à se garantir que de la lance des cavaliers, fit de grands ravages dans le corps d'armée, et l'emploi du crochet, qui saisissait les hommes et les renversait, effraya les soldats, de sorte qu'ils commencèrent à lâcher pied et à découvrir le Roi, qui était au milieu d'eux, entouré de ses gentilshommes. Alors commença une lutte sanglante, presque corps à corps. Les Impériaux s'efforçaient d'approcher du Roi, pour le prendre ou le tuer. Le marquis de Pescaire, s'abandonnant à son ardeur, reçut trois blessures. Le Roi combattait vaillamment au milieu des siens, déployant cette intrépidité chevaleresque qui le caractérisait. Son exemple et les efforts des capitaines réussirent à ramener au combat les troupes françaises déjà débandées. Mais un corps d'Impériaux s'étant jeté sur les bataillons qui essayaient de se reformer, le désordre augmenta parmi eux, ils prirent la fuite du côté du Tésin, espérant s'échapper par le pont, mais l'ayant trouvé rompu par ceux de la ville, les uns se jetèrent dans le fleuve et y furent presque tous noyés, les autres furent faits prisonniers par l'ennemi qui les poursuivait. Charles, duc d'Alençon, beau-frère du Roi, perdant la tête au milieu de ce désordre, prit la fuite avec un corps de 400 chevaux.

François Ier, abandonné de ses soldats, n'ayant auprès de lui qu'une poignée de vaillants chevaliers dont le nombre diminuait à chaque instant sous les coups des ennemis, ayant eu son cheval tué sous lui, fut forcé de se rendre. La prise du Roi ne fit pas cesser le combat ; il dura encore plus d'une heure sur plusieurs points ; la victoire même était encore indécise lorsque, la nouvelle du désastre du Roi et de ses gentilshommes s'étant répandue, tout céda à la fois et le carnage cessa. L'armée française laissa sur le terrain plus de 8,000 morts, sans compter ceux qui se noyèrent.

Si toute l'armée eût fait son devoir comme le Roi et les capitaines qui étaient autour de sa personne, la bataille eût pu être gagnée. La Trémoille y déploya une valeur digne d'un meilleur sort. Combattant auprès du Roi et, dès le commencement de l'action, blessé au visage un peu au-dessous de l'œil, il étonnait les siens et les ennemis par la vigueur de son bras. Plus de 200 hommes d'armes tombèrent sous les coups de l'escorte royale qu'il commandait. Rencontré dans la mêlée par Louis Bonnin, chevalier, seigneur du Cluzeau, Jacques de la Brosse, écuyer, et Jean du Bourget, homme d'armes, tous gentilshommes de sa maison, il fut presque contraint par eux de quitter son cheval blessé à mort, pour prendre celui de Jacques de la Brosse, tant il craignait de s'arrêter même un instant. Il rejoignit promptement le Roi, qu'il trouva environné d'ennemis, et dans ses efforts pour percer jusqu'à lui, il tomba mortellement frappé d'une balle d'arquebuse. Autour de lui succombèrent les principaux gentilshommes de sa compagnie : Jean de Jaucourt, seigneur de Villarnoul, son porte-enseigne, Jacques de Salezard, Jean Jousserand, seigneur de Layre, etc., et, parmi les jeunes seigneurs élevés dans sa maison, Jean de Poix, le fils aîné de son ami Odet de Chazerac, Adam de Ravenel, Claude de Cravant, Louis Bonnin, Georges de Chergé et le fils du seigneur de Roncée furent faits prisonniers. Ces trois gentilshommes eurent depuis la charge de ramener en France le corps de leur maître.

Avec le Roi, avaient été faits prisonniers des seigneurs du plus haut rang, entre autres, Montmorency, Brion, Henri d'Albret, roi de Navarre, le duc d'Alençon, que sa fuite n'avait pu sauver, et le jeune prince de Talmond, François de la Trémoille, petit-fils de Louis II et fils unique de Charles, mort glorieusement à Marignan. Le désastre fut immense, « mais l'ennemi, dit J. Bouchet, ne doit en prendre gloire ; car la plupart furent tués par les arquebusiers, montés sur la croupe des chevau-légers, chargés d'arquebuses à crochet, dont les Chrétiens ne devraient user, excepté contre les Infidèles. »

Les corps des princes et seigneurs tués furent recherchés par leurs serviteurs au milieu des morts, mis à nu par les vainqueurs, qui avaient dépouillé les cadavres, et, « pour y être reconnu, le seigneur de la Trémoille (qui disait souvent ne vouloir mourir ailleurs qu'au lit d'honneur) avait laissé croître dès longtemps l'ongle du gros orteil du pied droit. » Ces nobles dépouilles furent portées dans les églises de Pavie, où elles restèrent quelque temps, pendant que l'on préparait les cercueils pour les transporter en France.

CHAPITRE XIII

Convoi funèbre de la Trémoille. — Ses funérailles.
Son éloge. — Résumé de son histoire.

Nous pouvons suivre l'itinéraire du convoi qui ramenait à Thouars le corps de Louis de la Trémoille, d'après le compte des dépenses faites durant le voyage. On se mit en route le dimanche 26 février, deux jours après la funeste bataille ; le mercredi 1ᵉʳ mars, on passa les Alpes par le Petit Saint-Bernard ; le vendredi 3, on coucha à Chambéry ; le lundi 6, on arriva à Lyon, à l'hôtel de la Croix-Rouge. Là, on demeura quinze jours, tant pour laisser reposer les hommes et les chevaux et attendre les gentilshommes de la maison du défunt, que pour préparer les objets nécessaires à la pompe du convoi. Parmi ces objets se trouvent : un poêle ou drap mortuaire de velours noir avec une croix de damas blanc et cinq écussons aux armes brodées sur toile d'or, une chasuble également de velours noir, deux cents écussons aux armes, un dais de drap noir, etc. Le corps, qui avait été déposé dans l'église des Cordeliers, fut conduit hors de la ville par le curé de la paroisse, le dimanche 19 mars. Dans le chemin, on s'arrêtait à toutes les églises qui se trouvaient sur le passage du convoi. Les cloches sonnaient et l'on célébrait l'office des morts. De Lyon à l'Ile-Bouchard, on traversa ainsi les paroisses de Bresle, Tarare, Saint-Symphorien, Saint-Germain, Saint-Martin, Saint-Cyran, Varannes, Motet, Cosne, Espeign, Château-Millan. Le samedi 25, jour de l'Annonciation, on s'arrêta à Chastre; de là on continua le voyage par Neufville, Argenton, Saint-Gauthier, le Blanc, la Ruhe de Ponsan; là, à cause des mauvais chemins, le cercueil fut porté par douze hommes jusqu'à la Haye. La dernière halte avant l'Ile-Bouchard fut à l'abbaye de Nouhiers. On arriva à l'Ile-Bouchard le 29. De là, on partit, le 30, pour se rendre à Thouars en passant par Loudun.

Ce ne fut qu'au mois d'avril que le corps du seigneur de la Trémoille arriva à Thouars, où ses obsèques solennelles furent célébrées dans l'église de Notre-Dame du Château, qu'il avait construite. Ses restes furent déposés dans le tombeau qui renfermait déjà ceux de sa première femme, Gabrielle de Bourbon, et près de la sépulture de Charles, prince de Talmond, son fils, tué glorieusement à Marignan.

Jean Bouchet consacra à la mémoire de son protecteur et de son seigneur les stances suivantes (1), qui, le jour de ses

---

(1) Nous croyons que le lecteur, à la vue de cette pauvre poésie, nous pardonnera de n'avoir presque rien cité des nombreuses pièces de vers dont J. Bouchet a emaillé son livre.

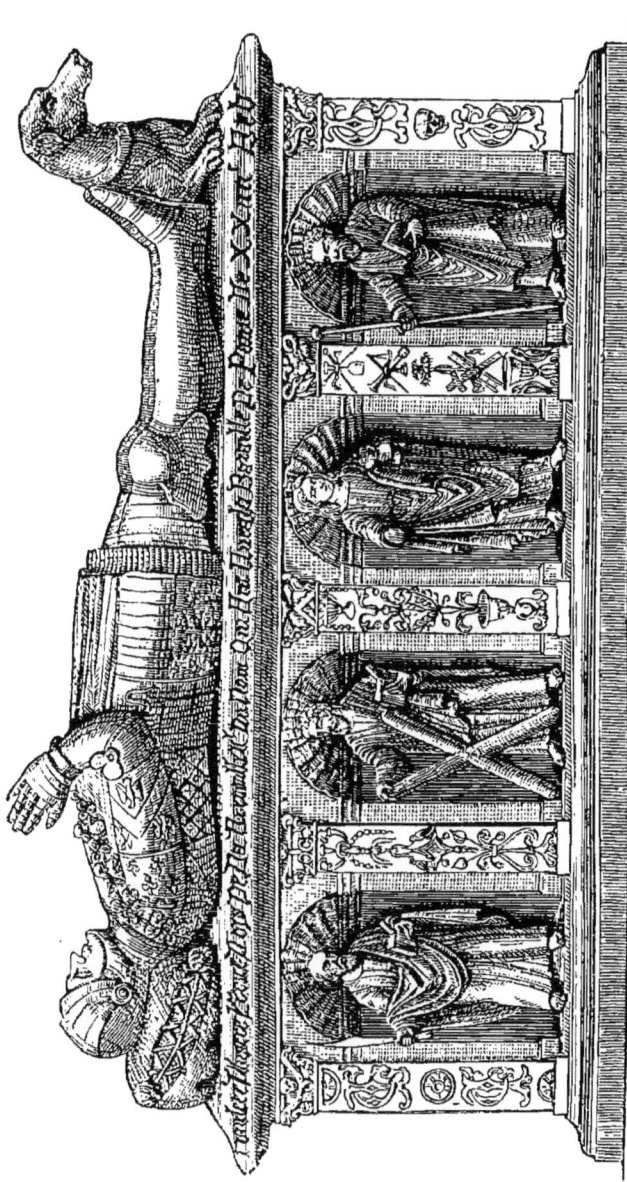

Profil du tombeau de Louis II de la Trémoille.

funérailles, servirent de devises aux emblèmes des provinces de France, où la Trémoille avait ses principales seigneuries.

Épitaphe de France

Cy dessoubz gist ung des piliers de France,
Le surmonteur des Armoriciens (1),
Le contre-arrest de l'italicque oultrance,
L'enrichisseur de francisque souffrance,
Digne d'honneur entre Mavorciens (2),
La crainte et peur des caulx (3) Véniciens,
Le fort Loys, lequel très fort approche
Des Fabiens et hardiz Déciens ;
Pour ce est nommé *Chevalier sans reproche.*

Épitaphe de Bourgongne dont il estoit gouverneur

Cy dessoubz gist un prince marcial,
Très généreux et furibond en guerre,
Laborieux en conseil spécial,
Fort et constant, très prudent curial (4),
Craint et doubté (5) plus que fouldre et tonnerre,
Par cinquante ans d'armes a suivy l'erre (6),
Le bon Loys de la Trémoille, proche
D'honneur royal, amé (7) de tous en terre ;
Pour ce est nommé *Chevalier sans reproche.*

(1) Bretons.
(2) Guerriers.
(3) Rusés.
(4) Conseiller.
(5) Redouté.
(6) Carrière.
(7) Aimé.

Bretaigne et Acquitaine dont il estoit admiral

Cy dessoubz gist l'admiral britannique,
Que les anticz nommoient dieu de la mer,
Qui eut aussi la mer aquitanique,
Bellicques (1) nefz soubz son povoir nautique,
Maulgré Natrix aux fluves tant amer ;
On le devroit pour Neptune clamer (2)
Et mettre au ranc des dieux marins, ou coche,
Onc (3) n'y fist tour dont on le deust blasmer,
Pour ce est nommé *Chevalier sans reproche*.

Poictou ou il avoit plusieurs seigneuries

Cy gist Loys de la Trémoille envers
Le sousteneur de justice et main dextre,
Qui a tenu tousjours les bras ouvers
Aux gens de bien et chassé les pervers.
En tous ses faitz voulut tousjours droict estre ;
Du bien d'esprit corporel et terrestre
Fut libéral ; il n'eut onc la main croche (4)
Le deffenseur il fut du royal ceptre ;
Pour ce est nommé *Chevalier sans reproche*.

Anjou ou il avoit la seigneurie de Cran

Cy gist Loys Trémoille audacieux,
Sur tous loyal et amoureux des armes,

---

(1) Belliqueuses.
(2) Appeler Neptune.
(3) Jamais.
(4) Crochue.

Armipotent tempéré, gracieux,
Sobre et songneux, roide et audacieux,
Le bien-aymé des belliqueux gens d'armes,
Non endormy pour aller aux alarmes,
Qui a congneu sans lumière de torche
Comme convient faire assaulx et vacarmes ;
Pour ce est nommé *Chevalier sans reproche*.

TOURAINE OU ESTOIT SA SEIGNEURIE DE L'ISLE-BOUCHART

Cy dessoubz gist ung puissant Herculès,
Ung Scipion et ung fidelle Atille,
Ajax sans peur, ung vaillant Achilès,
Ung doulx Enée, ung subtil Ulixès,
Eureux César plein de prudence utille,
Ung Theséus de invencion gentille,
Ung Hanibal d'astuce qui ne cloche (1),
Triomphateur contre fureur hostile ;
Pour ce est nommé *Chevalier sans reproche*.

SOULONGNE, OU IL AVOIT LA SEIGNEURIE DE SULLY

Au lit d'honneur il a perdu la vie
Le bon Loys Trémoille cy gisant,
On dur conflict qui fut devant Pavye,
Entre Espagnols et François par envie,
Dont son renom est en tous lieux luysant,
Il n'eust voulu mourir en languissant
En sa maison, ne soubs obscure roche
De lâcheté, comme il alloit disant ;
Pour ce est nommé *Chevalier sans reproche*.

(1) Manque.

Le jour même de ses obsèques, la nouvelle arriva que François, prince de Talmond, son petit-fils et son unique héritier, prisonnier des Impériaux, avait été mis en liberté moyennant une forte rançon, et qu'il était arrivé à Lyon près de la régente Louise de Savoie, mère du Roi.

« Ce retour donna quelque consolation aux habitants de Thouars et à tous les serviteurs de la maison dudit feu seigneur, qui faisaient un merveilleux deuil de leur feu seigneur et maître, et non sans cause. Car ce fut l'un des bons seigneurs qu'on vit jamais, et qui mieux traita ses sujets, sans leur faire aucun tort en biens, en corps ni en renommée. Il était pur de toutes les souillures de tyrannie et décoré de toutes les mœurs que doit avoir un prince. Et combien que pour les laborieux services qu'il avait faits par le temps de 45 ans à la couronne de France, il se dût être enrichi d'un million d'or, vu le grand revenu qu'il avait de ses parents, qui était de 35 ou 40,000 livres de rente, et les pensions des gouvernements de Bourgogne, amirauté de Guyenne et autres charges qu'il avait eues au royaume de France, néanmoins on ne lui trouva que bien peu d'argent comptant; et cependant il n'avait fait aucun édifice, excepté la structure de son église de Notre-Dame, qui est fort somptueuse et magnifique (1); il n'avait non plus rien acquis, excepté la seigneurie de Montagu, pour laquelle il donna en échange, avec quelque somme de deniers, les seigneuries de Puy-Belliart et de Chantonnay, qui étaient de son ancien patrimoine. Il dépensait, non seulement ses gages et pensions, mais aussi tout son revenu au service du Roi et de la chose publique, et non ailleurs, car il ne fit jamais de dépense prodigue, mais toujours honnête et honorable... Par de tels moyens, et aussi par sa grande loyauté et fidélité qu'il eut toujours aux Rois èt à la Maison de France, et parce

---

(1) J. Bouchet oublie l'hôtel de la Trémoille, à Paris.

qu'il fut pur et net de toute tyrannie, concussion et pillerie, il a eu pour sa récompense de si bonnes œuvres le titre et nom de *Chevalier sans reproche.* »

Nous ne pouvons mieux clore l'histoire de Louis II de la Trémoille que par ce tableau de la vie de l'illustre chevalier, présenté comme un modèle à suivre à l'un de ses descendants, Jean Bretagne, duc de la Trémoille (1), par son précepteur, dans un admirable recueil de conseils qu'il laissa à son élève en cessant ses fonctions auprès de lui (2).

« Louis de la Trémoille naquit, pour ainsi dire, dans la disgrâce de son prince. Marguerite d'Amboise, sa mère, était seule héritière des biens des maisons d'Amboise et de Thouars. Par malheur, Louis d'Amboise,

---

(1) Jean Bretagne, duc de la Trémoille, né en 1737 de Charles-Armand-René de la Trémoille, membre de l'Académie française, et de Marie-Hortense de la Tour, est l'aïeul du duc actuel de la Trémoille.

(2) Nous nous permettons d'exprimer le vœu que M. le duc de la Trémoille publie ces précieuses leçons, véritable manuel d'un jeune gentilhomme.

son père, était un esprit remuant, inquiet, dissipateur; par ses liaisons avec le duc de Bretagne, il s'attira l'inimitié du roi Louis XI, qui saisit ce prétexte pour s'emparer de ses villes et de ses châteaux...

« M. et Mme de la Trémoille, retirés dans une de leurs terres, élevaient leur fils dans la crainte de la Cour et du Souverain. Mais ce jeune seigneur, indocile sur cet article à leurs avis, comprit qu'un homme de sa naissance n'était bien qu'auprès de son maître, et qu'il ne devait attendre que de sa bonté la réparation de ses injustices. Plein de cette idée, il va se mettre à la discrétion de son oppresseur. Louis XI, touché de cette démarche et voyant dans le jeune de la Trémoille tous les caractères d'un héros futur, le fit élever auprès de lui avec un extrême soin...

« Pendant les troubles de la minorité de Charles VIII, chaque parti tâcha d'engager M. de la Trémoille dans ses intérêts; mais, fidèle à ses principes, il crut ne devoir point se séparer de la personne de son maître, et s'attacha à la régente Anne de Beaujeu, qui par reconnaissance lui donna en mariage Gabrielle de Bourbon-Montpensier, princesse de sang royal...

« Cependant la guerre civile s'étant allumée, Louis de la Trémoille, à l'âge de 27 ans, fut mis à la tête de l'armée royale, gagna la bataille de Saint-Aubin-du-Cormier contre les troupes confédérées des ducs de Bretagne et d'Orléans, fit celui-ci prisonnier, et poussa si loin ses conquêtes, qu'Anne de Bretagne fut obligée de consentir à épouser Charles VIII...

« Louis de la Trémoille ne se signala pas moins dans l'expédition de Naples. A la célèbre journée de Fornoue, il sauva l'armée...

« Après la mort de Charles VIII, le duc d'Orléans, devenu roi sous le nom de Louis XII, qui savait que M. de la Trémoille avait été fidèle à son prédécesseur, ne douta point qu'il ne le servît avec le même zèle. Ce prince ne se trompa point dans son attente. Aucun des grands, aucun des généraux ne contribua plus que Louis de la Trémoille à la gloire du Roi et au salut du royaume. Louis XII combla ce seigneur d'honneurs et de dignités, lui confia le gouvernement de provinces importantes. Dès qu'il s'agissait d'une guerre difficile, c'était sur M. de la Trémoille qu'on jetait les yeux. Le Roi n'en faisait pas moins de cas dans ses conseils que dans ses armées, et, dans une grave maladie, il le désigna pour être un des principaux membres du conseil de régence pendant la minorité du jeune duc d'Angoulême...

« Après avoir par son habileté et sa prudence sauvé des Suisses Dijon et la France, M. de la Trémoille fut envoyé en Picardie pour sauver une seconde fois le royaume des Anglais et des Impériaux...

« Depuis l'âge de 27 ans, il avait toujours commandé en chef les armées, à moins que le Roi y fût en personne, et pour lors il en était regardé comme le lieutenant général.

Ce fut en cette qualité qu'il accompagna François Ier à Marignan, où son fils unique le prince de Talmond fut tué; à Pavie, où la bataille livrée contre ses conseils fut si funeste à la France, et où La Trémoille termina par une mort glorieuse une vie à jamais mémorable.

« A la valeur héroïque, Louis de la Trémoille joignit le génie et les talents du général, et passa avec raison pour le premier capitaine de son siècle...

« Il ne me paraît pas moins admirable dans sa vie privée : bon mari, jamais rien ne troubla son tendre attachement pour son épouse; bon père, il forma lui-même son fils unique et le rendit digne de lui; bon parent, il était respecté et aimé de ses frères, comme s'il eût été leur propre père ; bon père de famille, il vécut avec la splendeur convenable à sa naissance et à ses emplois, et laissa à son petit-fils le même bien qu'il avait reçu de ses pères, sans l'avoir augmenté ni diminué ; charitable, il répandit avec profusion ses bienfaits sur les pauvres et sur une infinité d'officiers de mérite que ses amples revenus lui donnaient le moyen d'assister; bon ami, il aimait même ses ennemis, et quoique ses envieux n'omissent rien pour le perdre, jamais il n'employa son crédit pour s'en venger; bon citoyen, nul Romain n'aima sa patrie comme il aima la sienne; il préférait ses intérêts aux siens propres et à ceux de sa maison; modeste avec dignité, jamais il n'ambitionna que la gloire de bien servir son Roi et le royaume; les honneurs le vinrent chercher sans qu'il fît un pas pour aller au-devant; enfin, il couronna toutes ces vertus par une vie pure et par une piété simple et sans fard.

« Tant de qualités réunies lui méritèrent de son vivant le surnom de *Chevalier sans reproche*, et la postérité le lui a confirmé par ses suffrages, titre infiniment plus honorable que ceux de vaillant, de grand, de victorieux et d'invincible. »

TABLE DES MATIÈRES

Préface v

I. Origine de Louis II de la Trémoille. — Sa naissance et ses premières années. — Il est appelé par le Roi et va à la Cour. — Sa conduite à la Cour. — Conseils du seigneur de Craon. — Sentiments du Roi touchant Louis de la Trémoille. 1

II. Louis de la Trémoille perd son père et réclame ses biens saisis par le Roi. — Projet de mariage de Louis avec Gabrielle de Bourbon. — Stratagème qu'il emploie pour parler à sa fiancée. — Le mariage est célébré. — Restitution de ses biens saisis par Louis XI, ordonnée par Charles VIII. . . . 16

III. Guerre de Bretagne. — Campagne de 1488, dirigée par La Trémoille. — Bataille de Saint-Aubin du Cormier. — Légende du souper de La Trémoille. — Fin de la guerre de Bretagne. — Mariage du Roi avec la duchesse de Bretagne. 29

IV. Expédition de Naples sous Charles VIII. — Progrès de l'armée royale en Italie. — Ambassade de Louis de la Trémoille auprès du Pape. — Charles VIII à Rome et à Naples. — Retour du Roi. — Passage de l'Apennin. — Bataille de Fornoue. — Récompenses accordées à Louis de la Trémoille. 48

V. Louis de la Trémoille et le Roi Louis XII. — L'hôtel de La Trémoille à Paris. — Expédition du Milanais. — Prise de Ludovic le More. — Lettre de La Trémoille au Roi. — Joie de Louis XII. — Lettre de Gabrielle de Bourbon. — Soumission du Milanais. — Expédition de Louis XII à Naples. — La Trémoille se retire à Thouars. — Son vœu à saint Jacques de Compostelle 70

VI. Gabrielle de Bourbon et son fils le prince de Talmond. — Administration de Gabrielle de Bourbon. — Construction de l'église du château de Thouars. — Ludovic le More écrit à La Trémoille. — La Trémoille gouverneur de Bourgogne. — Expédition contre Gênes. — Mort de Jean de la Trémoille, cardinal, archevêque d'Auch 91

VII. Guerre contre les Vénitiens. — Bataille d'Agnadel. — Ligue des princes italiens contre le Roi. — Seconde expédition du Milanais. — Défaite de Novare. 108

VIII. Louis de la Trémoille en Normandie et en Bourgogne. — Démêlé entre les magistrats et les ecclésiastiques de Beaune. — Dijon assiégé par les Suisses. — La Trémoille dé-

TABLE DES MATIÈRES

	livre Dijon. — Dispositions du Roi pour la Trémoille. — État de maison de La Trémoille	120
IX.	Avènement de François Ier au trône. — François Ier en Italie. — Bataille de Marignan. — Mort de Charles de la Trémoille, prince de Talmond. — Le Milanais reconquis	135
X.	Funérailles du prince de Talmond. — Mort de Gabrielle de Bourbon. — Ses funérailles. — Tombeau des La Trémoille. — Second mariage de Louis de La Trémoille avec Louise de Valentinois. — Entrevue du Camp du Drap d'or	145
XI.	Guerre avec l'Empereur et le Roi d'Angleterre. — Campagne de La Trémoille, en Picardie. — Siège de Marseille..	165
XII.	Seconde expédition de François Ier en Italie. — Siège de Pavie. — Bataille de Pavie. — Mort de Louis de la Trémoille	179
XIII.	Convoi funèbre de la Trémoille. — Ses funérailles. — Son éloge. — Résumé de son histoire	194

PARIS — IMPRIMERIE MOTTEROZ

MÊME LIBRAIRIE
Collection de
PETITS MÉMOIRES SUR L'HISTOIRE DE FRANCE
Publiés sous la direction de M. Marius SEPET

Vol. gr. in-18 jésus, titre rouge et noir. Prix de chaque vol., 3 f. 50

Vie et Vertus de Saint Louis, *d'après Guillaume de Nangis et le confesseur de la reine Marguerite,* texte établi par René de LESPINASSE, ancien élève de l'École des chartes.

Les Derniers Carolingiens, *d'après le moine Richer et d'autres sources originales,* texte traduit et établi par Ernest BABELON, ancien élève de l'École des chartes.

La Chronique de messire Bertrand du Guesclin, connétable de France, texte établi par M. Gabriel RICHOU, ancien élève de l'Ecole des chartes.

Louis II de la Trémoille, ou le Chevalier sans reproche, d'après le panégyrique de Jean Bouchet et d'autres documents contemporains, par L. SANDRET. 1 vol.

Sous presse :

Mémoires de Mme de Motteville, texte établi par M. CHAPOY. 1 vol.

Le Loyal Serviteur, texte établi par M. J. ROMAN. 1 vol.

CLASSIQUES POUR TOUS

Choix de chefs-d'œuvre des littératures françai   t étrangères

Vol. in-18 caractères Elzévir, pap. vergé teinté, titre rouge et noir.

Prix de chaque volume, broché. . . . . 60 c.
Cartonnage classique. . . . . 85 c.
Cartonnage élégant (toile anglaise). . . . . . . 1 fr.

Volumes parus :

I à IV. — Corneille, avec notes par Fr. GODEFROY, 4 vol.
V. — La Chanson de Roland, avec notes par le baron d'Avril, 1 vol. (4e édition).
VI à IX. — Choix de lettres de Mme de Sévigné, avec notes par F. Godefroy, 4 vol. (2 vol. publiés).
X. — Petit Romancero, choix de vieux chants espagnols traduits et annotés par le comte de PUYMAIGRE, 1 vol.
XI et XII. — Les Psaumes, traduction nouvelle, avec commentaire, par A.-J. CLERC, 2 vol.
XIII. — Considérations sur la France, par J. de MAISTRE, avec préface par M. René Bazin, 1 vol.
XIV. — Les Poètes du foyer, poésies allemandes traduites, avec préface et notes de M. Ch. DUBOIS, 1 vol.
XV. — Maximes et Réflexions morales de La Rochefoucauld, avec notes de M. Jules LEVALLOIS, 1 vol.

Quelques exemplaires de chaque volume sont tirés sur papier de Hollande.

Imp. Motteroz

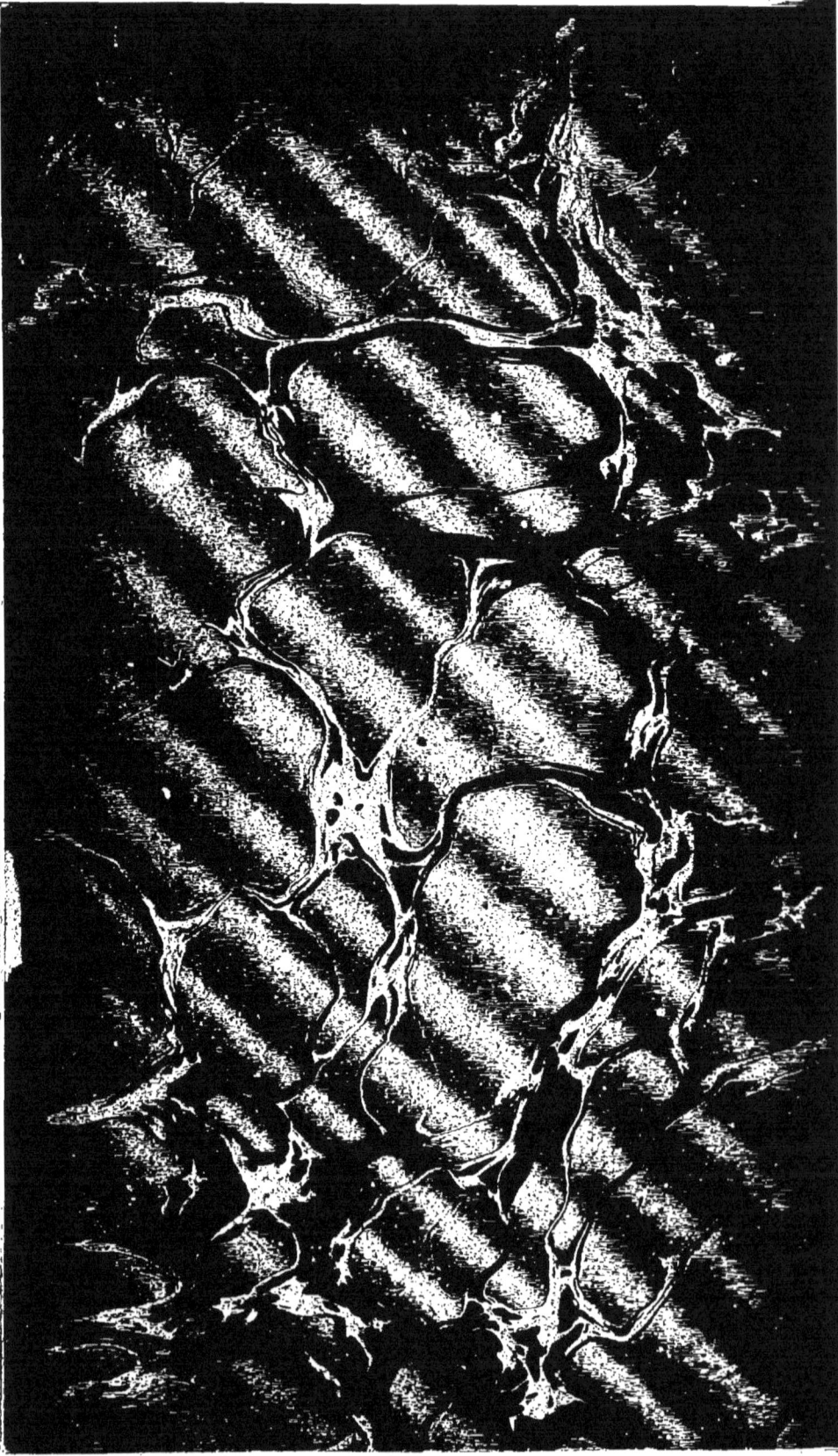

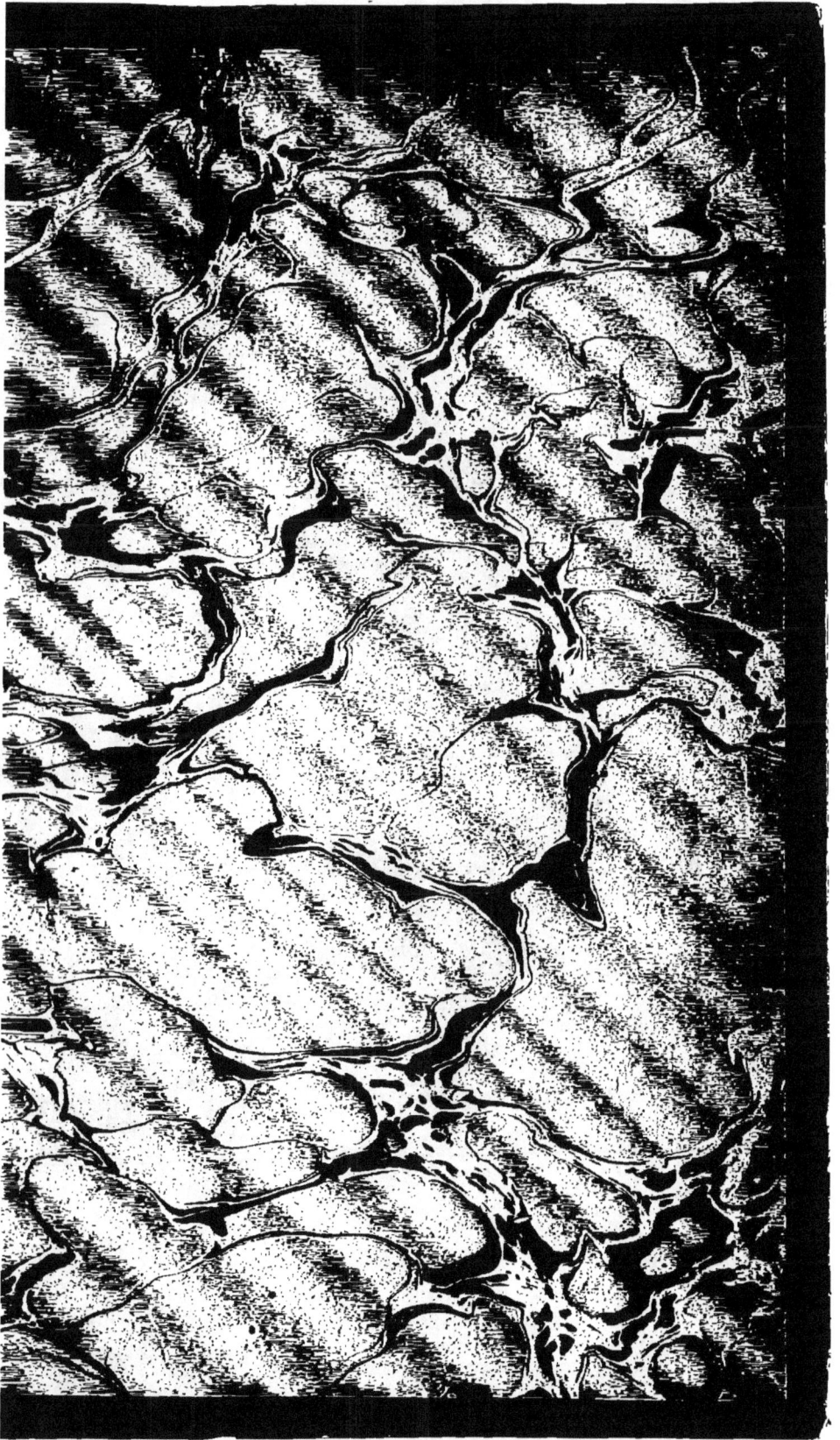

www.ingramcontent.com/pod-product-compliance
Lightning Source LLC
Chambersburg PA
CBHW070635170426
43200CB00010B/2036